MANIFESTO DO PARTIDO COMUNISTA

MANIFESTO DO PARTIDO COMUNISTA

KARL MARX E
FRIEDRICH ENGELS

TRADUÇÃO
Petê Rissatti

EDITORA
NOVA
FRONTEIRA

Título original: *Manifest der Kommunistischen Partei*

Direitos de edição da obra em língua portuguesa no Brasil adquiridos pela EDITORA NOVA FRONTEIRA PARTICIPAÇÕES S.A. Todos os direitos reservados. Nenhuma parte desta obra pode ser apropriada e estocada em sistema de banco de dados ou processo similar, em qualquer forma ou meio, seja eletrônico, de fotocópia, gravação etc., sem a permissão do detentor do copirraite.

EDITORA NOVA FRONTEIRA PARTICIPAÇÕES S.A.
Rua Candelária, 60 — 7.º andar — Centro — 20091-020
Rio de Janeiro — RJ — Brasil
Tel.: (21) 3882-8200

Imagem de capa:
Karl Marx (Germany out) Karl Marx ★05.05.1818+14.03.1883, Philosoph, Revolutionär; D – mit Friedrich Engels am Kaffeetisch im Gerpräch Gemäld von Hans Mocznay Deutsches Historisches Museum, Berlin – ohne Jahr (Photo by ullstein bild/ullstein bild via Getty Images)

Dados Internacionais de Catalogação na Publicação (CIP)

M392m   Marx, Karl; Engels, Friedrich
          Manifesto do partido comunista/ Karl Marx, Friedrich Engels; tradução de Petê Rissati. [Edição especial] – Rio de Janeiro: Nova Fronteira, 2022.
          96 p.; 12,5 x 18cm (Clássicos para Todos)

          Título original: *Manifest der Kommunistischen Partei*
          ISBN: 978-65-5640-583-4

          1. Partidos e movimentos políticos. I. Engels, Friedrich. II. Rissati, Petê. III. Título.

          CDD: 321
          CDU: 329

André Queiroz – CRB-4/2242

CONHEÇA OUTROS
LIVROS DA EDITORA:

Sumário

Manifest

der

Kommunistischen Partei.

Veröffentlicht im Februar 1848.

Proletarier aller Länder vereinigt Euch!

London.

Gedruckt in der Office der „Bildungs-Gesellschaft für Arbeiter"
von J. E. Burghard.
46, Liverpool Street, Bishopsgate.

Primeira edição alemã do *Manifesto do Partido Comunista*, 1848.

Prefácio

[à edição alemã do *Manifesto do Partido Comunista* de 1872]

A Liga dos Comunistas, uma associação internacional de trabalhadores que, obviamente, sob as condições da época, podia apenas ser secreta, incumbiu os abaixo-assinados, em um congresso realizado em Londres, em novembro de 1847, da elaboração de um programa teórico e prático detalhado do Partido destinado ao público. Assim, surgiu o seguinte *Manifesto*, cujo manuscrito seguiu para a impressão em Londres poucas semanas antes da revolução de fevereiro. Publicado primeiramente em alemão, foi impresso nesse idioma na Alemanha, na Inglaterra e na América, em pelo menos doze edições diferentes. A versão em inglês foi publicada apenas em 1850, em Londres, no jornal *Red Republican*, traduzido pela senhorita Helen Macfarlane, e, em 1871, em ao menos três traduções diferentes na América. Em francês, primeiramente em Paris, pouco antes da insurreição de junho de 1848, e há pouco no *Le Socialiste*, de Nova York. Uma nova tradução está sendo preparada. Em polonês, em Londres, pouco depois de sua primeira edição alemã. Em russo, em Genebra, na década de 1860. Também foi traduzido para o dinamarquês logo após sua publicação.

Por mais que as condições nos últimos 25 anos tenham mudado, os princípios básicos desenvolvidos neste *Manifesto* mantêm ainda hoje, em seu conjunto, toda a sua validade. Aqui e ali detalhes poderiam ser melhorados. A aplicação prática desses princípios, esclarece o próprio *Manifesto*, dependerá em todos os lugares e a qualquer momento das circunstâncias historicamente presentes, e, por isso, não se atribui peso especial nenhum às medidas revolucionárias propostas ao fim da Parte II. Essa passagem, em muitos aspectos, seria bem diferente hoje. Frente ao imenso desenvolvimento da grande indústria nos últimos 25 anos e à organização avançada do partido da classe trabalhadora, em vista das experiências práticas, primeiramente da revolução de fevereiro e ainda mais da Comuna de Paris, em que o proletariado, pela primeira vez, deteve o poder político por dois meses, este programa hoje está ultrapassado em alguns pontos. Notadamente, a Comuna deu prova de que "a classe trabalhadora não pode simplesmente apropriar-se da máquina do Estado pronta e movimentá-la para seus próprios fins" (ver *A guerra civil na França. Discurso do Conselho Geral da Associação Internacional dos Trabalhadores*, versão alemã, p. 19, em que essa ideia está mais desenvolvida). Além disso, é óbvio que a crítica da literatura socialista esteja

Selo russo para o *Manifesto do Partido Comunista*.

incompleta para os dias de hoje, pois chega apenas ao ano de 1847; também as observações sobre a posição dos comunistas frente aos diversos partidos de oposição (Parte IV), ainda que corretas em seus fundamentos até hoje, já estão ultrapassadas em sua apresentação, pois a situação política se reconfigurou totalmente e o desenvolvimento histórico desapareceu com a maioria dos partidos ali mencionados.

No entanto, o *Manifesto* é um documento histórico a que não nos arrogamos mais o direito de alterar. Talvez seja lançada uma versão posterior acompanhada de uma introdução que perfaça o período de 1847 até agora; a presente edição nos pegou muito de surpresa para termos tempo de prepará-la.

Londres, 24 de junho de 1872.

Karl Marx e Friedrich Engels

Monumento de Karl Marx e Friedrich Engels
em frente ao Palácio da República, em Berlim,
Alemanha. Foto de Johann H. Addicks, 2005.

Preâmbulo

[à edição russa de 1882]

A primeira versão russa do *Manifesto do Partido Comunista*, traduzida por Bakunin, foi lançada no início da década de 1860, na gráfica do *Kolokol*. Nela (na edição russa do *Manifesto*), o Ocidente pôde reconhecer apenas uma curiosidade literária. Hoje, tal acepção seria impossível.

A área restrita que o movimento proletário ocupava à época (em dezembro de 1847) é apresentada de forma mais clara na parte de encerramento do *Manifesto*: a posição dos comunistas frente aos diversos partidos de oposição nos diferentes países. Ali faltam justamente a Rússia e os Estados Unidos. Era a época em que a Rússia formava a última grande reserva de reação em toda a Europa, enquanto os Estados Unidos absorviam o excedente das forças proletárias da Europa por meio da imigração. Os dois países forneciam à Europa matérias-primas e eram, ao mesmo tempo, mercados consumidores de produtos industrializados daquela. Ou seja, os dois países à época eram, de um jeito ou de outro, pilares da ordem europeia vigente.

Muito diferente de hoje! Justamente a imigração europeia possibilitou à América do Norte uma produção agrícola gigantesca, cuja concorrência abala as bases da propriedade de terras europeias, tanto grandes como pequenas. Permitiu também que os Estados Unidos explorassem seus gigantescos recursos industriais com uma energia e numa escala que pode quebrar em breve o monopólio industrial até então dominante na Europa Ocidental, notadamente o da Inglaterra. As duas circunstâncias retroagem revolucionariamente sobre os Estados Unidos. A propriedade fundiária pequena e média dos *farmers*, a base de toda a constituição política, sucumbe cada vez mais à concorrência das fazendas gigantescas; nos distritos industriais, desenvolvem-se ao mesmo tempo, e pela primeira vez, uma massa proletária e uma concentração fabulosa de capitais.

E agora a Rússia! Durante a revolução de 1848-1849, não apenas os príncipes europeus, mas também os burgueses europeus encontraram na interferência russa a única salvação diante do proletariado que acabava de despertar. O tsar foi proclamado chefe da reação europeia. Hoje, ele é o prisioneiro de guerra da revolução em Gatchina, e a Rússia forma a vanguarda da ação revolucionária da Europa.

O *Manifesto do Partido Comunista* tem a tarefa de proclamar a inevitável iminência da dissolução da propriedade burguesa moderna. Porém, na Rússia, encontramos mais da metade das terras de propriedade conjunta dos camponeses, em contraposição ao engodo capitalista, que floresce com rapidez, e à propriedade burguesa da terra, que começa a se desenvolver. Então, pergunta-se: a *obchtchina* russa, forma da antiquíssima propriedade conjunta de terra, mesmo que intensamente minada, converter-se-á diretamente à forma superior da propriedade conjunta comunista? Ou, ao contrário, precisará antes passar pelo mesmo processo de dissolução que compõe o desenvolvimento histórico do Ocidente?

A única resposta possível hoje em dia é a seguinte: se a revolução russa for o sinal de uma revolução proletária no Ocidente, de forma que as duas se complementem, a atual propriedade conjunta de terras russas pode servir como ponto de partida para um desenvolvimento comunista.

Londres, 21 de janeiro de 1882.

Karl Marx e Friedrich Engels

Prefácio

[à edição alemã de 1883]

Infelizmente, precisarei assinar o prefácio da presente edição sozinho. Marx, o homem a quem toda a classe trabalhadora da Europa e da América deve mais gratidão do que a qualquer outro, descansa no cemitério de Highgate, e sobre seu túmulo já cresce a primeira grama. Desde sua morte, não podemos mais falar em uma reedição ou complemento do *Manifesto*. Por isso, considero ser ainda mais mister voltar a declarar expressamente o que segue.

A ideia fundamental que permeia o *Manifesto*, ou seja, que a produção econômica e a segmentação social de qualquer época da história necessariamente advinda dela formam a base da história política e intelectual dessa época; que, portanto (desde a dissolução da antiquíssima propriedade conjunta de terreno e solo), toda a história tem sido uma história das lutas de classes, lutas entre classes exploradas e exploradoras, dominadas e dominantes, em várias etapas do desenvolvimento social; mas que essa luta alcançou agora um estágio em que a classe explorada e oprimida (o proletariado) não consegue mais se libertar da classe exploradora e opressora (a burguesia) sem se libertar, ao mesmo tempo e para sempre, de toda a sociedade da exploração, opressão e lutas de classes — esse pensamento fundamental pertence única e exclusivamente a Marx.[1]

Declaro isso com frequência; mas agora é necessário que essa declaração seja feita também antes do *Manifesto*.

Londres, 28 de junho de 1883.

Friedrich Engels

Preâmbulo

[à edição inglesa de 1888]

O *Manifesto* foi publicado como plataforma da Liga dos Comunistas, uma associação de trabalhadores no início exclusivamente alemã e posteriormente internacional e que, inevitavelmente, por conta das condições políticas do continente europeu antes de 1848, era uma organização secreta. No congresso da Liga, que aconteceu em novembro de 1847, em Londres, Marx e Engels foram incumbidos de iniciar a publicação de um programa prático e teórico completo do partido. Redigido em língua alemã, o manuscrito foi enviado para a gráfica em janeiro de 1848, poucas semanas antes da Revolução Francesa de 24 de fevereiro. Uma tradução francesa foi publicada em Paris pouco antes da insurreição de junho

Revolução Francesa: queima de carruagens reais no Castelo d'Eu, em 24 de fevereiro de 1848. Pintura de N. Currier.

de 1848. A primeira tradução para a língua inglesa, feita pela senhorita Helen Macfarlane, foi publicada em 1850, no *Red Republican*, de George Julian Harneys, em Londres. Uma edição dinamarquesa e outra polonesa também foram publicadas.

A derrocada da insurreição parisiense de junho de 1848 — a primeira grande batalha entre proletariado e burguesia — voltou a empurrar temporariamente para segundo plano os anseios sociais e políticos da classe trabalhadora na Europa. Desde então, voltou a se travar a luta pela supremacia, como no período anterior à revolução de fevereiro, apenas entre os diversos grupos da classe proprietária; a classe trabalhadora ficou limitada a uma luta por espaço e pela posição de uma ala de esquerda mais extrema da burguesia radical. Os movimentos proletários independentes foram impiedosamente derrotados onde continuaram a dar sinais de vida. Assim, a polícia prussiana rastreou o comando central da Liga dos Comunistas, que, à época, tinha sede em Colônia. Os membros foram encarcerados e, após dezoito meses de prisão, em outubro de 1852, foram a julgamento. Esse famoso "processo dos comunistas de Colônia" durou de 4 de outubro a 12 de novembro; sete dos presos foram condenados a detenção pelo período de três a seis anos. Logo após a sentença ser proferida, a Liga foi formalmente dissolvida pelos membros remanescentes. No que concerne ao *Manifesto*, parecia estar fadado a cair no esquecimento.

Quando a classe trabalhadora europeia voltou a reunir força suficiente para uma nova investida à classe dominante, surgiu a Associação Internacional dos Trabalhadores. Mas essa associação, que fora fundada expressamente com o objetivo de reunir em um órgão único todo o proletariado da Europa e da América disposto a lutar, não pôde proclamar os fundamentos registrados no *Manifesto*. A Internacional precisava ter um programa amplo o bastante para ser adotável pelas *trade unions* inglesas, pelos seguidores franceses, belgas, italianos e espanhóis de Proudhon e pelos lassalleanos na Alemanha.[2] Marx, que redigiu este programa para satisfazer todos os partidos, tinha total confiança no desenvolvimento intelectual da classe trabalhadora, um desenvolvimento que precisaria derivar necessariamente da ação unida e da discussão conjunta. Os acontecimentos e vicissitudes na luta contra o capital, as derrotas, mais ainda que as vitórias, não poderiam deixar de levar as pessoas à consciência da inadequação de seus diversos charlatanismos preferidos e abrir caminho para uma visão mais plena das premissas reais da emancipação da classe trabalhadora. E Marx tinha razão. Quando a Internacional desmoronou, no ano de 1847, deixou os trabalhadores em uma situação muito diferente da que era quando de sua fundação, no ano de 1864. O proudhonismo na França e o lassalleanismo na Alemanha estavam à beira da morte, e também as *trade unions* inglesas conservadoras aproximavam-se paulatinamente do ponto, embora houvessem sido em sua maioria dissolvido a ligação com a Internacional muito tempo antes, em que seu presidente, no ano anterior, em Swansea, pôde declarar: "O socialismo continental perdeu seu tom assustador para nós." De fato: os fundamentos do *Manifesto* fizeram avanços consideráveis entre os trabalhadores de todos os países.

Desse modo, o próprio *Manifesto* voltou ao primeiro plano. O texto alemão foi reimpresso várias vezes desde 1850 na Suíça, na Inglaterra e nos Estados Unidos. No ano de 1872, foi traduzido para o inglês, em Nova York, onde a tradução foi publicada na *Woodhull and Claflin's Weekly*. Em virtude dessa versão inglesa, também uma versão francesa foi lançada no *Le Socialiste*, em Nova York. Desde então, foram publicadas nos Estados Unidos ainda duas traduções para o inglês, no mínimo, das quais uma foi reimpressa na Inglaterra. A primeira tradução para o russo, feita por Bakunin, por exemplo, foi lançada na gráfica do *Kolokol*, de Herzen, em Genebra; uma segunda, também em Genebra, pela heroica Vera Zásulitch, em 1882. Uma nova versão dinamarquesa de 1885 se encontra na *Socialdemokratisk Bibliothek*, em Copenhague, em 1885; uma nova tradução francesa, no *Le Socialiste*, em Paris, em 1886. Depois dessas últimas, uma tradução espanhola foi preparada e lançada em Madri, em 1886. Não se pode determinar o número de reimpressões alemãs, no total foram ao menos doze. Uma versão para o armênio, que deveria ter sido publicada em Constantinopla alguns meses antes, ainda não chegou a sê-lo porque, como me informaram, a editora não teve coragem de lançar um livro que tivesse o nome de Marx, enquanto o tradutor se recusou a assiná-lo como obra sua. Cheguei a ouvir sobre outras traduções para outros idiomas, mas nunca as vi pessoalmente. Assim, a história do *Manifesto* reflete em grande medida a história do moderno movimento operário; atualmente, sem dúvida, é a obra de mais ampla disseminação internacional de toda a literatura socialista, um programa conjunto que é reconhecido por milhões de trabalhadores, da Sibéria à Califórnia.

E, ainda assim, quando foi escrito, não poderíamos tê-lo chamado de um manifesto *socialista*. Por socialistas se entendia, em 1847, por um lado, os adeptos de diversos sistemas utópicos: os owenistas, na Inglaterra, os fourieristas, na França, ambos já reduzidos a meras seitas que desaparecem aos poucos; por outro lado, a multiplicidade de charlatanismos sociais que, com todo tipo de remendos, sem oferecer qualquer perigo para o capital e o lucro, prometiam exterminar as mazelas sociais de toda sorte — em ambos os casos, por pessoas que estavam fora do movimento operário e que antes buscavam apoio nas classes "cultas". Aquela parte da classe trabalhadora que havia se convencido da inadequação de meros revolucionamentos políticos e exigia a necessidade de uma reformulação total da sociedade, essa parte chamava a si mesma comunista à época. Era ainda uma espécie de comunismo grosseira, não lapidada, puramente instintiva, mas atingia o ponto principal e era poderosa o suficiente dentro da classe trabalhadora para produzir o comunismo utópico — na França o de Cabet, na Alemanha o de Von Weitling. Portanto, o socialismo em 1847 era um movimento da classe média; o comunismo, um movimento da classe trabalhadora. O socialismo era, ao menos no continente, "socialmente aceitável", o comunismo era exatamente o contrário. E como no início de tudo éramos da opinião de que "a emancipação da classe trabalhadora deve ser obra da própria classe trabalhadora", não podia restar dúvida de qual das duas designações teríamos de escolher. Sim, e ainda mais que, desde então, nunca nos passou pela cabeça abrir mão dela.

Embora o *Manifesto* fosse um trabalho conjunto de nós dois, eu me considero no dever de declarar que a ideia primordial que forma seu cerne pertence a Marx. Esse pensamento consiste em que o modo de produção e trocas econômicas dominante em cada época histórica e a estruturação social necessariamente dela advinda formam a base em que a história política e a intelectual dessa época se estabelece e a partir da qual pode ser explicada unicamente; que, nesse sentido, toda a história da humanidade (desde a abolição da ordem tribal primitiva com sua propriedade comum de terra e solo) tem sido uma história de lutas de classes, lutas entre classes exploradoras e exploradas, dominantes e oprimidas; que a história dessas lutas de classes representa uma série de desenvolvimentos que atualmente chegou a um estágio em que a classe explorada e oprimida — o proletariado — não poderá alcançar sua libertação do jugo da classe exploradora e dominante — a burguesia — sem libertar ao mesmo tempo e de uma vez por todas a sociedade inteira de toda a exploração e opressão, de todas as diferenças de classe e das lutas de classes.

Desse pensamento que, segundo minha visão, está destinado a fundamentar o mesmo avanço para a ciência histórica que a teoria de Darwin fundamentou para as ciências naturais — desse pensamento nós havíamos nos aproximado aos poucos durante vários anos, antes ainda de 1845. Meu livro *Situação da classe trabalhadora na Inglaterra*[3] mostra o quanto avancei nessa direção por minha conta. Contudo, quando reencontrei Marx em Bruxelas, na primavera de 1845, ele o formulara de maneira pronta e me apresentou em palavras quase tão claras quanto aquelas com que o resumi acima.

Em nosso prefácio conjunto à edição alemã de 1872, cito o seguinte:

> Por mais que as condições nos últimos 25 anos tenham mudado, os princípios básicos desenvolvidos neste *Manifesto* mantêm ainda hoje, em seu conjunto, toda a sua validade. Aqui e ali poderiam ser melhorados detalhes. A aplicação prática desses princípios, esclarece o próprio *Manifesto*, dependerá em todos os lugares e a qualquer momento das circunstâncias historicamente presentes e, por isso, não se atribui peso especial nenhum às medidas revolucionárias propostas ao fim da Parte II. Essa passagem, em muitos aspectos, seria bem diferente hoje. Frente ao imenso desenvolvimento da grande indústria nos últimos 25 anos e à organização avançada do partido da classe trabalhadora, pelas experiências práticas, primeiramente da revolução de fevereiro e ainda mais da Comuna de Paris, em que o proletariado, pela primeira vez, deteve o poder político por dois meses, este programa hoje está ultrapassado em alguns pontos. Notadamente, a Comuna deu prova de que "a classe trabalhadora não pode simplesmente apropriar-se da máquina do Estado pronta e movimentá-la para seus próprios fins" (ver *A guerra civil na*

França; *Discurso do Conselho Geral da Associação Internacional dos Trabalhadores*, versão alemã, p. 19, em que essa ideia está mais desenvolvida). Além disso, é óbvio que a crítica da literatura socialista esteja incompleta para os dias de hoje, pois chega apenas ao ano de 1847; também as observações sobre a posição dos comunistas frente aos diversos partidos de oposição (Parte IV), ainda que corretas em seus fundamentos até hoje, já estão ultrapassadas em sua apresentação, pois a situação política se reconfigurou totalmente, e o desenvolvimento histórico desapareceu com a maioria dos partidos ali mencionados.

No entanto, o *Manifesto* é um documento histórico a que não nos arrogamos mais o direito de alterar. Talvez seja lançada uma versão posterior acompanhada de uma introdução que perfaça o período de 1847 até agora; a presente edição nos pegou muito de surpresa para termos tempo de prepará-la.

Praça Vendôme, barricada na rua Castiglione, 1870-1871.
Comuna de Paris. Foto de Bruno Braquehais.

O autor da presente tradução é o senhor Samuel Moore, tradutor da maior parte de *O capital*, de Marx. Nós a revisamos em conjunto, e eu inclui algumas notas de rodapé para esclarecer alusões históricas.

Londres, 30 de janeiro de 1888.

Friedrich Engels

[A partir do inglês.]

Prefácio

[à edição alemã de 1890]

Desde a redação do texto anterior, se fez necessária uma nova versão alemã do *Manifesto*, e muitas coisas ocorreram com o *Manifesto* que devem ser mencionadas aqui.

Uma segunda edição russa, pelas mãos de Vera Zásulitch, foi lançada em 1882, em Genebra; o prólogo foi escrito por Marx e por mim. Infelizmente, o manuscrito original em alemão se perdeu, ou seja, precisei retraduzi-lo do russo, o que não acrescenta nada ao trabalho. Ele diz: [...]*

Uma nova tradução polonesa foi lançada ao mesmo tempo em Genebra: *Manifest komunistyczny*.

Além do mais, uma nova tradução dinamarquesa apareceu em *Socialdemokratisk Bibliothek*, København, 1885. Infelizmente, ela não está completa; algumas partes essenciais que parecem ter causado dificuldades ao tradutor foram excluídas, e aqui e ali percebem-se sinais de desleixo, que se mostram tão desagradáveis quando se vê no trabalho que o tradutor, com um pouco mais de cuidado, poderia ter feito uma tradução excelente.

Em 1886, uma nova tradução francesa no *Le Socialiste* foi lançada em Paris; é, até o momento, a melhor já publicada.

Baseada nela, foi publicada uma tradução espanhola primeiro no *El Socialista* madrilenho e depois como brochura: Carlos Marx y F. Engels, *Manifiesto del Partido Comunista*, Madrid, Administración de *El Socialista*, Hernán Cortés 8.

---

* Como o texto desse original já está presente integralmente na página 11 desta edição, ele não será repetido aqui. [N.E.]

Menciono ainda, a título de curiosidade, que o manuscrito de uma tradução para o armênio foi oferecido a um editor de Constantinopla; o bom homem, no entanto, não teve coragem de imprimir algo em que constasse o nome de Marx e disse que o tradutor poderia assumir a autoria, o que este, entretanto, se recusou a fazer.

Depois de algumas impressões de traduções norte-americanas mais ou menos equivocadas na Inglaterra, finalmente foi

Terceira edição do *Manifesto* publicada na Inglaterra, 1889.

lançada uma tradução autêntica no ano de 1888. Foi feita pelo meu amigo Samuel Moore e revisada por nós em conjunto antes da impressão. O título é: *Manifesto of the Communist Party*, de Karl Marx e Frederich Engels. Tradução autorizada para o inglês, editada e anotada por Frederich Engels, 1888, Londres, William Reeves, 185 Fleet St. E. C. Transferi para a presente edição algumas observações dessa edição inglesa.

O *Manifesto* tem uma carreira própria. No momento de seu lançamento, foi festejado pela vanguarda ainda bastante reduzida à época do socialismo científico (como comprovam as traduções mencionadas nos primeiros prefácios), logo depois foi empurrado para segundo plano pela reação iniciada com a derrota dos trabalhadores parisienses em junho de 1848 e, por fim, "juridicamente" declarado banido pela condenação dos comunistas de Colônia, em novembro de 1852. Com o desaparecimento do movimento dos trabalhadores, que data da revolução de fevereiro, do palco público, o *Manifesto* também saiu de cena.

Quando a classe trabalhadora europeia voltou a se fortalecer o suficiente para uma nova investida contra o poder da classe dominante, surgiu a Associação Internacional dos Trabalhadores. Tinha como objetivo fundir todo o conjunto de trabalhadores da Europa e dos Estados Unidos dispostos a lutar em um único grande exército. Por isso, ela não pôde *partir* dos princípios estabelecidos no *Manifesto*. Precisou ter um programa que não fechasse as portas para as *trade unions* inglesas, os proudhonistas franceses, belgas, italianos e espanhóis e os lassalleanos alemães.[4] Esse programa — as premissas para os estatutos da Internacional — foi redigido por Marx com maestria reconhecida pelo próprio Bakunin e pelos anarquistas. Para a vitória final das sentenças contidas no *Manifesto*, Marx confiava apenas e tão somente no desenvolvimento intelectual da classe trabalhadora, que deveria necessariamente surgir da ação e da discussão unidas. Os acontecimentos e vicissitudes na luta contra o capital, os fracassos ainda mais que os sucessos, não poderiam senão esclarecer aos lutadores a inadequação da panaceia usada até então e deixar sua cabeça aberta para uma visão sólida das condições verdadeiras da emancipação dos trabalhadores. E Marx tinha razão. A classe trabalhadora de 1874, no momento da dissolução da Internacional, era totalmente diferente daquela de 1864, na sua fundação. O proudhonismo nos países românicos e o lassalleanismo específico na Alemanha estavam desaparecendo, e mesmo as *trades unions* inglesas, à época extremamente conservadoras, avançavam aos poucos ao ponto em que, em 1887, o presidente de seu congresso em Swansea pôde dizer em nome destas: "O socialismo continental perdeu seu tom assustador para nós." Porém, em 1887, o socialismo continental já era quase apenas a teoria que é anunciada no *Manifesto*. E, assim, a história do *Manifesto* reflete até certo grau a história do movimento trabalhista moderno a partir de 1848. Atualmente, sem dúvida é o produto mais disseminado internacionalmente de toda a literatura socialista, o programa geral de muitos milhões de trabalhadores de todos os países, desde a Sibéria até a Califórnia.

E, ainda assim, quando publicado, não poderíamos tê-lo chamado um manifesto *socialista*. Em 1847, entendia-se por socialistas dois tipos de pessoas. Por um lado, os seguidores de diversos sistemas utópicos, especialmente os owenistas, na Inglaterra, e os fourieristas, na França, ambos já reduzidos à época a meras seitas que desapareciam aos poucos. Por outro, a multiplicidade de charlatanismos sociais que, com suas diferentes panaceias e com todo tipo de remendo, prometiam exterminar com as mazelas sociais de toda sorte, sem sequer ferir o capital e o lucro. Nos dois casos: pessoas que estavam fora do movimento trabalhista e que antes buscavam apoio nas classes "cultas". Ao contrário, aquela parte da classe trabalhadora, que havia se convencido da inadequação de meros revolucionamentos políticos, exigia uma reformulação total da sociedade, essa parte, à época, chamava a si mesma *comunista*. Era ainda uma espécie de comunismo não lapidada, puramente instintiva, por vezes um tanto grosseira, mas era poderosa o suficiente para produzir dois sistemas do comunismo utópico, na França o "icárico" de Cabet, na Alemanha o de Von Weitling. Socialismo, em 1847, significava um movimento da burguesia; o comunismo, um movimento da classe trabalhadora. O socialismo era, ao menos no continente, socialmente aceitável, o comunismo era exatamente o contrário. E, como na época tínhamos a visão muito decidida de que "a emancipação da classe trabalhadora deve ser obra da própria classe trabalhadora", não podíamos duvidar um instante sequer de qual das duas designações deveríamos escolher. E desde então nunca nos passou pela cabeça repudiá-la.

"Proletários de todos os países, uni-vos!" Apenas poucas vozes responderam quando gritamos essas palavras para o mundo 42 anos atrás, às vésperas da primeira revolução parisiense, em que o proletariado surgiu com reivindicações próprias. No entanto, em 28 de setembro de 1864, os proletários da maioria dos países da Europa Ocidental uniram-se à Associação Internacional dos Trabalhadores, de gloriosa memória. A própria Internacional viveu apenas nove anos. Contudo, a aliança eterna dos proletários que ela estabeleceu ainda vive, e mais poderosa do que nunca, disso não pode haver melhor testemunha que o dia de hoje. Pois hoje, enquanto escrevo estas linhas, o proletariado europeu e norte-americano passa em revista suas forças de combate pela primeira vez, mobilizado como *um* exército, sob *uma* bandeira e por *um* objetivo próximo: a determinação legal da jornada de trabalho normal de oito horas, já proclamada pelo Congresso da Internacional de Genebra, em 1866, e novamente pelo Congresso dos Trabalhadores de

Paris, em 1889. E o espetáculo deste dia abrirá os olhos de capitalistas e senhores de terras de todos os países para o fato de que hoje os proletários de todo o mundo estão, de fato, unidos.

Quem me dera Marx estivesse ao meu lado para ver isso com seus olhos!

Londres, 1º de maio de 1890.

Friedrich Engels

Prefácio

[à edição polonesa de 1892]

O fato de ter sido necessária uma nova edição polonesa do *Manifesto do Partido Comunista* traz oportunidade para diversas considerações.

Em primeiro lugar, é notável que, atualmente, o *Manifesto* tenha se transformado em uma espécie de medidor para o desenvolvimento da grande indústria no continente europeu. Na medida em que se amplia a grande indústria em um país, também cresce entre os trabalhadores do mesmo país o anseio por esclarecimento sobre sua posição como classe trabalhadora perante a classe proprietária, amplia-se entre eles o movimento socialista e cresce a demanda pelo *Manifesto*. Assim, não apenas a situação do movimento trabalhista, mas também o nível de desenvolvimento da grande indústria naquele país podem ser medidos com bastante exatidão segundo o número de exemplares do *Manifesto* em circulação no idioma do país.

Dessa forma, a nova edição polonesa constitui um avanço decisivo da indústria polonesa. E não há dúvida de que esse avanço, desde a última edição lançada há dez anos, aconteceu de verdade. A Polônia russa, a Polônia do Congresso transformou-se no grande distrito industrial do império russo. Enquanto a grande indústria russa está dispersa — uma parte no golfo finlandês, outra parte no centro do país (Moscou e Vladimir), uma terceira no mar Negro e no mar de Azov, outra ainda disseminada em outros lugares —, a polonesa está espremida em um espaço relativamente pequeno e tem, a partir dessa concentração, vantagens e desvantagens que disso surgem. As vantagens: os fabricantes russos concorrentes as reconheceram quando exigiram tarifas protecionistas contra a Polônia, apesar de seu desejo fervoroso de transformar a Polônia em Rússia. As desvantagens — para os fabricantes poloneses e para o governo russo — mostram-se na disseminação rápida das ideias socialistas entre os trabalhadores poloneses e na demanda crescente pelo *Manifesto*.

Indústrias polonesas, 1892.

Contudo, o desenvolvimento veloz da indústria polonesa, que ultrapassou a russa, é, por sua vez, prova da força vital inquebrantável do povo polonês e uma nova garantia de seu iminente restabelecimento nacional. Porém, a recuperação de uma Polônia forte e independente é uma questão que não diz respeito apenas à Polônia, mas a todos nós. Uma cooperação internacional genuína das nações europeias é apenas possível quando cada uma dessas nações é totalmente autônoma na própria casa. A revolução de 1848, que, sob a bandeira proletária, fez com que os combatentes proletários realizassem apenas o trabalho da burguesia, impôs também, por meio de seus testamenteiros Luís Bonaparte e Bismarck, a independência da Itália, da Alemanha, da Hungria; mas a Polônia, que desde 1792 fez mais pela revolução do que todos esses três países juntos, foi abandonada à sua sorte, quando, em 1863, sucumbiu diante das forças superiores russas dez vezes maiores. A nobreza não conseguiu nem manter, tampouco reconquistar a independência do país; hoje, a burguesia é no mínimo indiferente. E, ainda assim, é uma necessidade para a cooperação harmoniosa das nações europeias. Ela apenas poderá ser conquistada pelo jovem proletariado polonês, por isso está em boas mãos. Pois os trabalhadores do restante da Europa precisam da independência da Polônia tanto quanto os próprios trabalhadores poloneses.

Londres, 10 de fevereiro de 1892.

Friedrich Engels

Ao leitor italiano

A publicação do *Manifesto do Partido Comunista* coincidiu quase exatamente com o dia 18 de março de 1848, com as revoluções de Milão e Berlim, em que se levantam duas nações, de um lado, no centro do continente europeu, e do outro lado, no mar Mediterrâneo, que até então, por meio da fragmentação territorial e discórdias internas, ficaram enfraquecidas e, por isso, conduzidas pelo domínio estrangeiro. Enquanto a Itália estava dominada pelo imperador da Áustria, a Alemanha, mesmo que não diretamente, era obrigada a aguentar o jugo não menos pesado do tsar de todos os russos. Os impactos de 18 de março de 1848 libertaram a Itália e a Alemanha dessa ignomínia; se as duas grandes nações se recuperaram e

Revolta de Berlim, 18 de março de 1848.

de certa forma foram devolvidas a si mesmas, no período de 1848 a 1871, isso aconteceu, como disse Karl Marx, porque essas mesmas pessoas que solaparam a revolução de 1848, a contragosto, tornaram-se seus testamenteiros.

Na época, a revolução foi, em todos os lugares, obra da classe trabalhadora; a classe trabalhadora foi aquela que ergueu barricadas e arriscou a vida. Apenas os trabalhadores de Paris, quando derrubaram o governo, tinham a intenção decidida de destruir o regime burguês. No entanto, por mais que tivessem consciência do antagonismo inevitável existente entre sua classe e a burguesia, nem o avanço econômico do país nem o desenvolvimento intelectual das massas trabalhadoras francesas chegaram ao ponto de ter possibilitado uma reconfiguração da sociedade. Por isso, os frutos da revolução, no fim das contas, foram colhidos pela classe capitalista. Em outros países, na Itália, na Alemanha, na Hungria, os trabalhadores não fizeram, desde o início, nada mais que levar a burguesia ao poder. Porém, em nenhum país, o domínio da burguesia é possível sem a independência nacional. Com isso, a revolução de 1848 precisava trazer a unidade e a independência que faltavam a determinadas nações: Itália, Alemanha, Hungria; a seu tempo, a Polônia seguirá.

Mesmo que a revolução de 1848 não tenha sido uma revolução socialista, ela pavimentou o caminho, preparou o solo para ela. Com o desenvolvimento da grande indústria em todos os países, o regime burguês criou, em todos os lugares, nos últimos 45 anos, um proletariado numeroso, firme e potente ou, para usar uma expressão do *Manifesto*, produziu seus coveiros. Sem o restabelecimento da independência e da unidade de cada nação europeia, nem a união internacional do proletariado nem uma cooperação tranquila e judiciosa dessas nações para chegar aos objetivos comuns poderiam ter se concretizado. Imaginem uma ação conjunta internacional dos trabalhadores italianos, húngaros, alemães, poloneses e russos sob as condições políticas no período anterior a 1848!

Portanto, as batalhas de 1848 não foram em vão, nem em vão foram os 45 anos que nos separam dessa etapa revolucionária. Os frutos amadurecem, e eu desejo apenas que a publicação desta tradução italiana do *Manifesto* seja um bom presságio para a vitória do proletariado italiano, assim como a publicação do original o foi para a revolução internacional.

O *Manifesto* faz plena justiça ao papel revolucionário que o capitalismo teve no passado. A primeira nação capitalista foi a Itália. O final da Idade Média feudal e o início da era capitalista moderna são marcados por uma figura gigantesca — pelo italiano Dante, ao mesmo tempo o último poeta da Idade Média e o primeiro poeta da Idade Moderna. Hoje, como já por volta de 1300, tem início uma nova era histórica. Será que a Itália nos dará um novo Dante, que anunciará o nascimento da era do proletariado?

Londres, 1º de fevereiro de 1893.

Friedrich Engels

[A partir da versão francesa.]

Dante Alighieri (1265-1321).
Retrato por Sandro Botticelli.

Manifesto do Partido Comunista

Um espectro ronda a Europa — o espectro do comunismo. Todas as potências da velha Europa uniram-se numa caçada santa a esse espectro, o papa e o tsar, Metternich e Guizot, os radicais franceses e a polícia alemã.

Onde há partido de oposição que não tenha sido difamado como comunista por seus opositores do governo, onde há partido de oposição que não teria devolvido às pessoas mais progressistas da oposição, bem como a seus opositores reacionários, a acusação estigmatizante do comunismo?

Duas coisas decorrem desse fato.

O comunismo já é reconhecido por todas as potências europeias como uma potência.

Já está na hora de os comunistas apresentarem sua visão de mundo, seus objetivos, suas tendências ao mundo todo e confrontar a lenda do espectro do comunismo com um manifesto do Partido.

Para esse fim, comunistas das mais diversas nacionalidades reuniram-se em Londres e redigiram o seguinte manifesto, que será publicado em inglês, francês, alemão, italiano, flamengo e dinamarquês.

I. Burgueses e proletários[5]

A história de toda a sociedade[6] até agora é a história das lutas de classe.

Homem livre e escravo, patrício e plebeu, senhor feudal e servo, mestre de guilda e aprendiz, em suma, opressores e oprimidos sempre estiveram em oposição, conduziram uma

Príncipe Metternich (1773-1859).

Príncipe Metternich (1773-1859).

luta ininterrupta, ora encoberta, ora aberta, uma luta que cada vez terminava com uma reformulação revolucionária de toda a sociedade ou com a ruína conjunta das classes em luta.

Em épocas históricas do passado, encontramos quase em todos os lugares uma estruturação da sociedade em diversos estamentos, uma escala múltipla de posições sociais. Na Roma Antiga temos patrícios, cavaleiros, plebeus, escravos; na Idade Média, senhores feudais, vassalos, mestres de guilda, aprendizes e servos e ainda, dentro de quase todas as classes, escalonamentos especiais.

A sociedade burguesa moderna surgida a partir da derrocada da sociedade feudal não se livrou dos antagonismos de classe. Apenas estabeleceu novas classes, novas condições de opressão, novas formas da luta no lugar das antigas.

Vassalos e senhores feudais na Idade Média. Imagem de Hegodis.

No entanto, nossa época, a época da burguesia, destaca-se por ter facilitado as oposições de classes. A sociedade inteira se divide mais e mais em dois grandes campos inimigos, em duas classes diretamente opostas: a burguesia e o proletariado.

Dos servos da Idade Média surgiram os burgueses de paliçada* das primeiras cidades; desse estamento burguês desenvolveram-se os primeiros elementos da burguesia.

A descoberta da América e a circum-navegação da África criaram um novo terreno para a burguesia incipiente. O mercado das Índias Orientais e da China, a colonização da América, o comércio com as colônias, o aumento dos meios de troca e das mercadorias deram ao comércio, à navegação marítima e à indústria um impulso inaudito e, com isso, um desenvolvimento veloz ao elemento revolucionário na sociedade feudal que se desintegrava.

O *modus operandi* da indústria, até agora feudal e corporativa, não bastava mais para a necessidade crescente de novos mercados. A manufatura entrou em seu lugar. Os mestres de corporação foram esmagados pelo estamento médio industrial; a divisão do trabalho entre as diversas corporações desapareceu diante da divisão do trabalho dentro das próprias oficinas.

Mas os mercados continuaram crescendo, a demanda sempre aumentava. Também a manufatura não bastava. Pois o vapor e as máquinas revolucionaram a produção industrial. No lugar da manufatura, entrou a grande indústria moderna, no lugar do estamento médio industrial entraram os milionários industriais, os chefes dos exércitos industriais, os burgueses modernos.

A grande indústria criou o mercado mundial, que a descoberta da América havia preparado. O mercado mundial deu ao comércio, à navegação marítima, às comunicações por terra entre países um desenvolvimento incomensurável. E isso, por

---

* Segundo o *Duden Universalwörterbuch* (*Duden Dicionário Universal*), em tradução direta: "(Na Idade Média) alguém que tem direitos de cidadão numa cidade, porém não vive dentro de suas muralhas, mas sim ao lado das paliçadas que formavam as proteções externas." (N.T.)

sua vez, retroagiu sobre a extensão da indústria e, na mesma medida em que se expandiam a indústria, o comércio, a navegação marítima, as estradas de ferro, desenvolveu-se também a burguesia, ampliaram-se seus capitais, deslocando todas as classes tradicionais da Idade Média para um segundo plano.

Assim, vemos como a própria burguesia moderna é produto de um longo trajeto de desenvolvimento, de uma sequência de convulsões nos meios de produção e de circulação.

Cada uma dessas fases de desenvolvimento da burguesia foi acompanhada de um avanço político correspondente. O estrato oprimido sob o domínio dos senhores feudais, a associação armada e administrada autonomamente na comuna,[7]

Revolução Industrial. *Ferro e carvão* (*1855-1860*).
Pintura a óleo de William Bell Scott.

a cidade-república independente aqui, terceiro estado tributário da monarquia lá; então, na era da manufatura, o contrapeso à nobreza na monarquia estamental ou absoluta, fundamento principal das grandes monarquias, a burguesia finalmente conquistou, desde a criação da grande indústria e do mercado mundial no moderno Estado representativo, o domínio político exclusivo. O poder estatal moderno é apenas uma comissão que administra os negócios comuns de toda a classe burguesa.

A burguesia desempenhou na história um papel altamente revolucionário.

A burguesia, seja lá o ponto ao qual tenha chegado seu domínio, destruiu todas as relações feudais, patriarcais, idílicas. Impiedosa, desmembrou todos os variegados laços feudais, que ligavam as pessoas a seus predecessores naturais, e não deixou restar nenhum outro laço entre uma e outra pessoa senão o puro interesse, o insensível "pagamento à vista". Afogou o calafrio santo da paixão religiosa, do entusiasmo cavalheiresco, da melancolia filisteia nas águas gélidas do cálculo egoísta. Dissolveu a dignidade pessoal no valor de troca e pôs no lugar das inúmeras liberdades garantidas e adquiridas o livre e corrupto comércio. Em suma, pôs no lugar da exploração envolta em ilusões religiosas e políticas a exploração aberta, desavergonhada, direta, árida.

A burguesia despiu de seu halo sagrado todas as suas atividades até então honráveis e vistas com pudicícia piedosa. Transformou o médico, o jurista, o clérigo, o poeta, o homem da ciência em seus trabalhadores assalariados.

A burguesia arrancou das relações familiares seu véu comovente e sentimental e as reduziu a uma pura relação monetária.

A burguesia desvelou como a manifestação de força brutal, que a reação tanto admira na Idade Média, encontrou seu complemento adequado na mais indolente preguiça. Apenas ela provou o que a atividade dos homens pode criar. Realizou obras maravilhosas bem diferentes das pirâmides do Egito, dos aquedutos romanos e das catedrais góticas e conduziu marchas bem diferentes daquelas das migrações e das Cruzadas.

A burguesia não pode existir sem revolucionar continuamente os instrumentos de produção, portanto, também as relações de produção, ou seja, todas as relações sociais. Por outro lado, a manutenção intocada do antigo modo de produção foi a primeira condição de existência de todas as classes industriais anteriores. O cataclismo constante da produção, a convulsão ininterrupta de todas as condições sociais, a insegurança e o movimento eternos destacam a época da burguesia de todas as outras. Todas as relações empedernidas pela ferrugem com seu séquito de veneráveis concepções e visões serão dissolvidas, todas as recém-formadas cairão na obsolescência antes de conseguirem se ossificar. Esvanece-se todo o estratificado e estabelecido, todo o sagrado é dessacralizado e as pessoas finalmente são obrigadas a ver sua situação de vida, suas relações mútuas, com olhos sóbrios.

Em todo o globo terrestre, a burguesia persegue a necessidade de um comércio sempre mais amplo para seus produtos. Ela precisa se aninhar, se estabelecer, criar conexões em todos os lugares.

A burguesia moldou, de forma cosmopolita, a produção e o consumo de todos os países por meio da exploração do mercado mundial. Arrancou, para o grande pesar dos reacionários, o solo nacional debaixo dos pés da indústria. As indústrias nacionais antiquíssimas foram dizimadas e ainda o são, diariamente. São suplantadas por novas indústrias, cuja introdução se transforma em uma questão de vida ou morte para todas as nações civilizadas, por meio de uma indústria que não mais processa matéria-prima autóctone, mas matéria-prima trazida de zonas mais remotas e cujos produtos não são consumidos apenas no país, mas em todas as partes do mundo ao mesmo tempo.

No lugar das necessidades antigas e satisfeitas por produtos nacionais, surgem novas, que exigem para sua satisfação produtos de países e climas muito distantes. No lugar da antiga autossatisfação e do antigo isolamento locais e nacionais, surge um intercâmbio em todas as direções, uma interdependência de todos os lados entre as nações. E isso tanto na produção material como na produção intelectual. Os produtos intelectuais das nações individuais tornam-se bem comum. A parcialidade e a estreiteza nacionais tornam-se cada vez mais impossíveis, e a partir de muitas literaturas nacionais e locais forma-se uma literatura mundial.

Por meio da melhoria veloz de todos os instrumentos de produção, pela comunicação infinitamente facilitada, a burguesia arrasta todas as nações, inclusive as mais bárbaras, para a civilização. O preço inexpressivo de suas mercadorias é a artilharia mais pesada com que ela derruba todas as muralhas chinesas, com a qual ela obriga à capitulação a mais obstinada xenofobia dos bárbaros. Impõe a todas as nações que não desejam a destruição a adoção do meio de produção da burguesia; ela as obriga a introduzirem a assim chamada civilização, ou seja, a se tornarem burguesas. Em resumo, cria um mundo à sua imagem e semelhança.

A burguesia subjugou o campo ao domínio da cidade. Criou cidades enormes, ampliou o número populacional urbano frente ao rural em grande medida e, assim, tirou parte significativa da população do idiotismo da vida rural. Como no caso do campo frente à cidade, ela tornou os países bárbaros e semibárbaros dependentes dos civilizados; os povos camponeses, dos povos burgueses; o Oriente, do Ocidente.

A burguesia vem abolindo cada vez mais a fragmentação dos meios de produção, da propriedade e da população.

Aglomerou a população, centralizou os meios de produção e concentrou a propriedade em poucas mãos. A consequência necessária foi a centralização política. Províncias independentes, quase apenas aliadas e com interesses, leis, governos e tarifas aduaneiras diversas, foram coagidas a se reunir em *uma* nação, *um* governo, *uma* lei, *um* interesse nacional de classe, *uma* fronteira aduaneira.

A burguesia criou, em menos de um século de domínio de classe, forças produtivas maiores e mais colossais do que todas as gerações anteriores juntas. Subjugação das forças da natureza, maquinário, aplicação da química na indústria e na agricultura, navegação a vapor, ferrovias, telégrafos elétricos, cultivo em partes inteiras do mundo, canalização de rios para a navegação fluvial, populações inteiras brotando do chão — que século passado imaginaria que essas forças produtivas estivessem dormitando no colo do trabalho social?

Engenheiros trabalhando no telégrafo, 1897.
Foto do Cardiff Council Flat Holm Project.

Portanto, vimos que os meios de produção e circulação, sobre cujos fundamentos se formou a burguesia, foram criados na sociedade feudal. Em um determinado estágio do desenvolvimento desses meios de produção e circulação, as condições nas quais a sociedade feudal produzia e fazia suas trocas, a organização feudal de agricultura e manufatura, em suma, as relações feudais de propriedade, não mais correspondiam às forças produtivas já desenvolvidas. Elas inibiam a produção em vez de promovê-la. Converteram-se em amarras das mais variadas. Precisavam ser explodidas, foram explodidas.

Em seu lugar, surgiu a livre concorrência com a constituição social e política que lhe era adequada, com o domínio econômico e político da classe burguesa.

Sob nossos olhos, acontece um movimento semelhante. As condições burguesas de produção e circulação, as relações burguesas de propriedade, a sociedade burguesa moderna, que assim conjurou a existência de meios de produção e circulação monstruosas, comparam-se ao feiticeiro que não consegue mais dominar as forças subterrâneas que evocou. Há decênios, a história da indústria e do comércio é apenas a história da insurreição das forças produtivas modernas contra as condições modernas de produção, contra as relações de propriedade que são as condições vitais da burguesia e de seu domínio. Basta mencionar as crises do comércio, que põem em cheque, em seu periódico retorno, a existência cada vez mais ameaçadora de toda a sociedade burguesa. Nas crises do comércio, não apenas uma grande parte dos produtos fabricados, mas também as forças produtivas já criadas são regularmente destruídas. Nas crises, irrompe uma epidemia social que pareceria um contrassenso a todas as outras épocas — a epidemia da superprodução. De repente, a sociedade se vê relegada a um estado de barbárie momentânea; uma onda de fome e uma guerra de dizimação geral parecem ter-lhe cortado todos os suprimentos alimentícios; a indústria e o comércio parecem destruídos, e por quê? Porque ela possui muita civilização, muitos alimentos, muita indústria, muito comércio. As forças produtivas das quais ela dispõe não servem mais ao fomento das relações de propriedade; ao contrário, se tornaram poderosas demais para essas relações, são inibidas por elas; e, desde que ultrapassem essa inibição, elas levam toda a sociedade burguesa à desordem, ameaçam a existência da propriedade burguesa. As relações burguesas tornaram-se mais estreitas para compreender a riqueza criada por elas.

Por quais meios a burguesia supera as crises? De um lado, pela destruição forçada de uma massa de forças produtivas; de outro, pela conquista de novos mercados e por exploração profunda de antigos mercados. Como acontece isso, então? Com a preparação de crises em todos os lugares e a diminuição dos meios de preveni-las pela burguesia.

As armas com que a burguesia lançou o feudalismo ao chão estão agora apontadas contra a própria burguesia.

Mas a burguesia não forjou apenas as armas que trarão sua morte, criou também os homens que empunharão essas armas — os trabalhadores modernos, os *proletários*.

Na mesma medida em que a burguesia, ou seja, o capital, se desenvolve, na mesma medida se desenvolve o proletariado, a classe dos trabalhadores modernos que subsistem apenas quando encontram trabalho e que apenas encontram trabalho enquanto seu trabalho aumentar o capital. Esses trabalhadores que precisam se vender aos poucos são uma mercadoria como qualquer outro artigo de comércio e, por isso, expostos a todas as vicissitudes da concorrência, a todas as oscilações do mercado.

O trabalho dos proletários perdeu, por meio da ampliação do maquinário e da divisão do trabalho, todo o caráter autônomo e com isso toda a atratividade para o trabalhador.

Ele se transforma em um simples acessório da máquina, do qual se exige apenas o movimento de mão mais simples, mais monótono, mais fácil de aprender. Por isso, os custos que o trabalhador causa se limitam quase aos alimentos de que ele necessita para sua manutenção e para a reprodução de sua raça. Mas o preço de uma mercadoria, ou seja, também do trabalho, é igual aos custos de produção. Na mesma medida em que cresce a vilania do trabalho, diminui por isso a remuneração. Mais ainda, na medida em que crescem o maquinário e a divisão do trabalho, na mesma medida cresce também a massa de trabalho, seja pelo aumento das horas de trabalho, seja pelo aumento do trabalho exigido em um tempo determinado, seja pelo funcionamento acelerado das máquinas etc.

A indústria moderna transformou a pequena oficina do mestre patriarcal na grande fábrica dos capitalistas industriais. Massas de operários, amontoadas na fábrica, são organizadas de modo soldadesco, postos como soldados ordinários da indústria sob a supervisão de uma hierarquia completa de suboficiais e oficiais. Não são apenas servos da burguesia, do Estado burguês, são escravizados dia a dia, hora a hora pela máquina, pelo supervisor e, acima de tudo, pelos próprios fabricantes burgueses. Esse despotismo é tão mais mesquinho, odioso, cruel quanto mais abertamente ele proclama o lucro como seu objetivo.

Quanto menos o trabalho manual demanda habilidade e expressão de força, ou seja, quanto mais a indústria moderna se desenvolve, mais o trabalho dos homens é suplantado pelo das mulheres. As diferenças de sexo e idade não têm mais nenhuma validade social para a classe operária. Restam apenas instrumentos de trabalho que, segundo idade e sexo, implicam diferentes custos.

Se a exploração do operário pelo dono da fábrica terminar no momento em que ele receber seu salário em dinheiro vivo, ele é atacado pelas outras partes da burguesia, o senhorio, o vendeiro, o penhorista etc.

Os até agora pequenos estratos médios, as pequenas indústrias, comerciantes e aqueles que vivem de pequenas rendas, os artesãos e camponeses, todas essas classes decaem no proletariado, em parte porque seu pequeno capital não é suficiente para a operação da grande indústria e sucumbe à concorrência com capitalistas maiores, em parte porque sua habilidade é desvalorizada pelas novas formas de produção. Assim, o proletariado é recrutado a partir de todas as classes da população.

O proletariado vivencia diferentes estágios de desenvolvimento. Sua luta contra a burguesia começa com sua existência.

No início, lutavam os trabalhadores individuais, depois os operários de uma fábrica, depois os trabalhadores de um ramo de trabalho em um local contra o burguês individual que os explora diretamente. Eles lançam seus ataques não apenas contra as relações de produção burguesas, eles os lançam contra os próprios instrumentos de produção; eles destroem as mercadorias concorrentes alheias, quebram as máquinas, incendeiam as fábricas que buscam reconquistar a posição subjugada do trabalhador da Idade Média.

Nesse estágio, os trabalhadores formam uma massa espalhada pelo país e fragmentada pela concorrência. A agregação da massa de trabalhadores ainda não é a consequência de sua associação, mas a consequência da associação da burguesia, que precisa mobilizar o proletariado inteiro para alcançar seus objetivos políticos e por hora ainda consegue.

Assim, os proletariados nesse estágio não combatem seus inimigos, mas os inimigos de seus inimigos, o resto da monarquia absoluta, os latifundiários, a burguesia não industrial, os pequeno-burgueses. Por isso todo o movimento histórico está concentrado nas mãos da burguesia; cada vitória conquistada é uma vitória da burguesia.

Mas, com o desenvolvimento da indústria, amplia-se não apenas o proletariado; ele se aglomera em massas maiores, sua força cresce e ele a percebe cada vez mais. Os interesses, as circunstâncias da vida dentro do proletariado equilibram-se cada vez mais, nas quais o maquinário oblitera mais e mais a diferença do trabalho e reduz o salário quase em todos os lugares a um nível igualmente baixo. A concorrência crescente da burguesia entre si e a crise surgida disso sempre fazem oscilar o salário do trabalhador; a melhoria em desenvolvimento sempre veloz e incessante do maquinário torna sua condição de vida cada vez mais incerta; as colisões entre o trabalhador único e o burguês único assumem o caráter de colisões entre duas classes. Os trabalhadores começam a formar coalizões contra os burgueses; eles se reúnem para a garantia de seu salário. Fundam associações próprias duradouras com intuito de se abastecer no caso de eventuais revoltas. Aqui e ali, a luta irrompe em levantes.

De tempos em tempos, os trabalhadores vencem, mas apenas provisoriamente. O resultado efetivo de suas lutas não é o sucesso imediato, mas a unificação cada vez mais ampla e abrangente dos trabalhadores. Ela é fomentada pelo crescimento dos meios de comunicação que são produzidos pela grande indústria e conectam os trabalhadores de diferentes localidades. Mas basta a conexão para centralizar as muitas lutas locais de caráter idêntico em todos os cantos em uma luta de classes única, nacional. No entanto, cada luta de classes é uma luta política. E a união, que os cidadãos da Idade Média com seus caminhos vicinais conseguiram construir durante séculos, agora é formada pelos proletários modernos em poucos anos com suas estradas de ferro.

Essa organização dos proletários em classe e, com isso, em partido político, explodirá a qualquer momento em virtude da concorrência entre os próprios trabalhadores. Porém, ela sempre ressurgirá, mais forte, mais firme, mais poderosa. Ela obriga o reconhecimento de interesses individuais dos trabalhadores na forma de lei, aproveitando as fissuras dentro da própria burguesia. Assim aconteceu com a lei da jornada de dez horas na Inglaterra.

As colisões da velha sociedade fomentam de muitas maneiras o curso de desenvolvimento do proletariado. A burguesia encontra-se em luta contínua: no início contra a aristocracia; mais tarde, contra parte da própria burguesia, cujos interesses conflitavam com o avanço da indústria; sempre contra a burguesia dos países estrangeiros. Em todas essas lutas, parece necessário apelar ao proletariado, recorrer à sua ajuda e arrastá-lo assim para dentro do movimento político. Ela mesmo fornece ao proletariado seus elementos de formação, ou seja, as armas contra si mesma.

Além disso, como vimos, partes inteiras da classe dominante serão lançadas no proletariado devido ao avanço da indústria, ou no mínimo ameaçadas em suas condições de vida. Também elas fornecem ao proletariado uma quantidade grande de elementos de formação.

Em tempos, por fim, em que a luta de classes se aproxima da decisão, o processo de dissolução dentro da classe dominante, dentro de toda a velha sociedade, assume um caráter tão feroz, tão tempestuoso que uma pequena parte da classe dominante rompe com ela e se alia à classe revolucionária, à classe que traz o futuro nas mãos. Por isso, como antes uma parte da nobreza passou para o lado da burguesia, uma parte da burguesia passa agora para o proletariado, mais especificamente aquela parte desses ideólogos da burguesia que conseguiu alcançar a compreensão de todo o movimento histórico.

De todas as classes que confrontam atualmente a burguesia, apenas o proletariado é uma classe realmente revolucionária. As classes restantes degeneram-se e perecem sob a grande indústria; o proletariado é seu produto mais característico.

Os estratos médios, o pequeno industrial, o pequeno comerciante, o artesão, o camponês, todos eles combatem a burguesia para salvar da derrocada sua existência como estratos médios. Então, não são revolucionários, mas sim conservadores. Mais ainda, são reacionários, buscam girar a roda da história para trás. Se são revolucionários, o são apenas no sentido de passagem iminente ao proletariado, por isso não defendem seus interesses presentes, mas os futuros, por isso abandonam o próprio posicionamento para defender o do proletariado.

O lumpemproletariado, essa degradação passiva das camadas mais inferiores da velha sociedade, é parcialmente lançado no movimento por uma revolução proletária, mas segundo suas condições de vida ele estará mais disposto a se deixar comprar por esquemas reacionários.

As condições de vida da velha sociedade já foram dizimadas nas condições de vida do proletariado. O proletário é despossuído; sua relação com mulher e filhos nada tem mais em comum com a relação familiar burguesa; o trabalho industrial moderno, a subjugação moderna frente ao capital, tanto na Inglaterra como na França, tanto nos Estados Unidos como na Alemanha, o destituíram de todo o seu caráter nacional. As leis, a moral, a religião são para ele preconceitos burgueses, atrás dos quais também se escondem muitos interesses burgueses.

Todas as classes antigas que conquistaram para si o domínio buscaram garantir sua posição de vida conquistada subjugando a sociedade inteira às condições de sua conquista. Os proletários podem apenas conquistar as forças produtivas sociais abolindo seu modo atual de apropriação e com isso todos os modos de apropriação existentes. Os proletários não têm nada de seu para garantir, eles precisam destruir todas as seguranças privadas e todas as garantias privadas existentes até o momento.

Todos os movimentos até hoje foram movimentos de minorias ou ocorreram em interesse de minorias. O movimento proletário é o movimento independente da maioria acachapante no interesse da maioria acachapante. O proletariado, a camada mais inferior da sociedade atual, não pode se erguer, se empertigar sem que a superestrutura dos estratos que formam a sociedade oficial voe pelos ares.

Embora não em conteúdo, mas em forma, a luta do proletariado contra a burguesia é, a princípio, nacional. Obviamente, o proletariado de um país deve, em primeiro lugar, lidar com sua burguesia.

Ao delinear as fases mais gerais do desenvolvimento do proletariado, acompanhamos a guerra civil mais ou menos oculta no interior da sociedade atual até o momento em que ela irrompe em uma revolução aberta e o proletariado estabelece seu domínio por meio da queda violenta da burguesia.

Todas as sociedades até o presente momento basearam-se, como vimos, na oposição entre classes opressoras e classes oprimidas. Porém, para que uma classe possa oprimir, é necessário garantir para ela condições dentro das quais ela possa ao menos talhar sua existência servil. O servo, por meio de sua servidão, ingressou como membro da comuna, bem como o pequeno-burguês entrou para a burguesia sob o jugo do absolutismo feudalista. O trabalhador moderno, por sua vez, ao invés de se alçar com o avanço da indústria, afunda-se cada vez mais sob as condições de sua classe. O trabalhador fica pauperizado, e a pauperização desenvolve-se ainda mais rápido do que a população e a riqueza. Assim, fica claro que a burguesia é incapaz de permanecer como a classe dominante da sociedade e impor à sociedade, como lei reguladora, as condições de vida de sua classe. É incapaz de dominar porque é incapaz de garantir a seu escravo a existência, mesmo dentro de sua escravidão, pois é obrigada a deixá-lo descer a uma situação em que ela precisa alimentá-lo, em vez de ser alimentada por ele. A sociedade não pode mais viver sob ela, ou seja, sua vida não é mais condizente com a da sociedade.

A condição essencial para a existência e para o domínio da classe burguesa é o acúmulo de riqueza em mãos privadas, a formação e a multiplicação do capital; a condição do capital é o trabalho assalariado. O trabalho assalariado baseia-se exclusivamente na concorrência dos trabalhadores entre si. O avanço da indústria, cuja representante passiva e prostrada é a burguesia, substitui o isolamento dos trabalhadores por meio da concorrência pela união revolucionária por associação. Assim, com o desenvolvimento da grande indústria, tira-se debaixo dos pés da burguesia a base sobre a qual ela produz e se apropria dos produtos. Ela produz principalmente os próprios coveiros. Tanto seu ocaso como a vitória do proletariado são inevitáveis.

II. Proletários e comunistas

De forma geral, qual a relação existente entre comunistas e proletários?

Frente aos outros partidos de trabalhadores, os comunistas não constituem um partido especial.

Eles não têm nenhum interesse apartado dos interesses de todo o proletariado.

Não formulam nenhum princípio especial segundo o qual desejam moldar o movimento proletário.

Os comunistas diferenciam-se dos demais partidos proletários apenas na medida em que, por um lado, ressaltam e fazem valer, nas diversas lutas nacionais dos proletários, os interesses conjuntos de todo o proletariado, independentemente da nacionalidade, e, por outro lado, representam sempre o interesse do movimento em seu conjunto, nas diversas etapas do desenvolvimento que a luta entre proletariado e burguesia perpassa.

Assim, os comunistas são praticamente a parte mais decisiva dos partidos de trabalhadores de todos os países, que sempre os faz avançar; teoricamente, eles têm sobre a massa restante do proletariado a vantagem da percepção das condições, da marcha e dos resultados comuns do movimento proletário.

O objetivo mais imediato dos comunistas é o mesmo de todos os outros partidos proletários: a formação do proletariado como classe, a derrubada do domínio burguês, a conquista do poder político por meio do proletariado.

As propostas teóricas dos comunistas não se baseiam de forma alguma em ideias, em princípios que foram criados ou descobertos por este ou aquele reformador mundial.

Elas são apenas as expressões gerais de relações de fato de uma luta de classes existente, de um movimento histórico que se desenrola diante de nossos olhos. A abolição das relações de propriedade vigorantes não é algo que assinale especificamente o comunismo.

Todas as relações de propriedade foram submetidas a uma transformação histórica contínua, a uma mudança histórica contínua.

A Revolução Francesa, por exemplo, aboliu a propriedade feudal em favor da propriedade burguesa.

O que distingue o comunismo não é a abolição da propriedade de forma geral, mas a abolição da propriedade burguesa.

Mas a propriedade privada burguesa moderna é a última e mais completa expressão da fabricação e apropriação dos produtos, que se baseia nas oposições de classe, na exploração de umas pelas outras.

Nesse sentido, os comunistas podem resumir sua teoria numa única expressão: supressão da propriedade privada.

Criticaram a nós, comunistas, por querermos suprimir a propriedade adquirida pessoalmente por meio do trabalho; a propriedade que lança a pedra fundamental de toda liberdade, atividade e independência pessoais.

Propriedade adquirida e merecida pelo próprio trabalho! Estão falando da propriedade do pequeno-burguês ou do pequeno camponês que precedeu a propriedade burguesa? Não precisamos aboli-la, pois o desenvolvimento da indústria já a aboliu e a suprime diariamente.

Ou estão falando da propriedade privada da burguesia moderna?

Mas o trabalho assalariado, o trabalho do proletário, cria-lhe propriedade? De forma alguma. Cria o capital, ou seja, a propriedade que explora o trabalho assalariado, que pode aumentar apenas sob a condição de gerir mais trabalho assalariado para voltar a explorá-lo. A propriedade em sua forma atual movimenta-se na oposição entre capital e trabalho assalariado. Observemos os dois lados dessa oposição.

Ser capitalista significa não apenas assumir uma posição puramente pessoal, mas uma posição social na produção. O capital é o produto coletivo e pode apenas ser posto em movimento por meio de uma atividade conjunta de muitos membros, sim, em última instância, apenas por meio da atividade conjunta de todos os membros da sociedade.

Assim, o capital não é um poder pessoal, é um poder social.

Então, quando o capital é transformado em uma propriedade coletiva pertencente a todos os membros da sociedade, a propriedade pessoal não se converte em social. Apenas o caráter social da propriedade transforma-se. Ele perde seu caráter de classe.

Vamos então ao trabalho assalariado:

O preço médio do trabalho assalariado é a remuneração mínima pelo trabalho, ou seja, a soma dos meios de subsistência necessários para manter vivo o operário como tal. Assim, aquilo de que o trabalhador assalariado se apropria por meio de sua atividade basta apenas para reproduzir sua vida nua e crua. Não queremos de maneira alguma suprimir essa apropriação pessoal dos produtos do trabalho para a reprodução da vida imediata, uma apropriação que não deixa restar nenhum lucro líquido que poderia conceder poder sobre o trabalho alheio. Queremos apenas suspender o caráter miserável dessa apropriação, em que o operário vive apenas para multiplicar o capital, vive somente enquanto garantir o interesse da classe dominante.

Na sociedade burguesa, o trabalho vivo é apenas um meio de multiplicação do trabalho acumulado. Na sociedade comunista, o trabalho acumulado é apenas um meio de ampliar, enriquecer, fomentar o processo de vida do operário.

Assim, na sociedade burguesa, o passado domina o presente; na comunista, o presente domina o passado. Na sociedade burguesa o capital é autônomo e pessoal, enquanto o indivíduo ativo é dependente e impessoal.

E a burguesia chama a suspensão dessa relação de suspensão da personalidade e da liberdade! E com razão. No entanto, trata-se da suspensão da personalidade, da autonomia e da liberdade da burguesia.

Por liberdade entende-se, dentro das atuais relações de produção burguesas, o livre comércio, a liberdade de comprar e vender.

Porém, se não houver barganha, também não há livre barganha. Toda a falação sobre livre barganha, como todas as outras bravatas de liberdade de nossa burguesia, tem apenas sentido frente à barganha controlada, frente ao cidadão escravizado da Idade Média, mas não frente à suspensão comunista da barganha, das relações de produção burguesas e da própria burguesia.

Os senhores ficam horrorizados por querermos suspender a propriedade privada. Mas, em sua sociedade atual, a propriedade privada está abolida para nove décimos de seus membros; existe exatamente porque não existe para nove décimos. Portanto, os senhores nos acusam de querer suprimir a propriedade que pressupõe como condição necessária a privação de propriedade da maioria acachapante da sociedade.

Os senhores acusam-nos, em suma, de querermos suprimir sua propriedade. É exatamente o que queremos.

A partir do momento em que o trabalho não puder mais ser transformado em capital, dinheiro, renda fundiária, em suma, em um poder social monopolizável, ou seja, a partir do momento em que a propriedade pessoal não puder mais ser convertida em burguesa, a partir desse momento os senhores declararão que a pessoa foi abolida.

Ou seja, os senhores confessam que por pessoa entendem apenas e tão somente o burguês, o proprietário burguês. E essa pessoa deve mesmo ser abolida.

O comunismo não tira de ninguém o poder de se apropriar de produtos sociais, ele tira apenas o poder de subjugar o trabalho alheio por meio dessa apropriação.

Já se contestou que, com a suspensão da propriedade privada, toda a atividade se interromperá, e uma indolência generalizada se espalhará.

Se assim fosse, a sociedade burguesa já teria afundado há muito na preguiça, pois *aqueles* que trabalham nela nada conquistam e *aqueles* que nela conquistam não trabalham. Toda a preocupação resulta em uma tautologia: a de que não haverá nenhum trabalho assalariado tão logo não haja mais capital.

Todas as acusações que são feitas ao modo de apropriação e produção dos produtos materiais também foram estendidas à apropriação e produção de produtos intelectuais. Como para o burguês a suspensão da propriedade de classe é a própria suspensão da produção, então para ele a suspensão da formação cultural de classe é idêntica à suspensão da formação cultural em geral.

A formação cultural cuja perda ele lamenta é para a maioria esmagadora a formação voltada à máquina.

Mas não briguem conosco quando avaliarem a abolição da propriedade burguesa segundo suas ideias burguesas de liberdade, formação, direito etc. Suas ideias são produtos das relações de propriedade e produto burguesas, como seu direito é apenas o desejo de sua classe elevado ao status de lei, um desejo cujo conteúdo está determinado nas condições de vida materiais de sua classe.

Os senhores compartilham com todas as classes dominantes desaparecidas a concepção interessada em que os senhores transformam suas relações de produção e propriedade de relações históricas e transitórias no decurso da produção em leis naturais e racionais eternas. O que os senhores entendem por propriedade antiga, o que os senhores compreendem por propriedade feudal não pode mais ser compreendido pelos senhores como propriedade burguesa.

A abolição da família! Mesmo os mais radicais enervam-se com essa intenção vergonhosa dos comunistas.

Em que se baseia a família burguesa atual? No capital, no ganho privado. Totalmente desenvolvida, essa família existe apenas para a burguesia; mas ela encontra seu complemento na ausência de família imposta ao proletário e à prostituição pública.

A família do burguês cai naturalmente com a derrocada desse seu complemento, e os dois desaparecem com o desaparecimento do capital.

Os senhores nos acusam de querer abolir a exploração das crianças por seus pais? Nós confessamos esse delito.

Mas, dizem os senhores, abolimos as relações mais íntimas, substituindo a educação do lar pela educação social.

E sua educação também não é determinada pela sociedade? Pelas relações sociais dentro das quais os senhores educam, por meio de uma ingerência mais direta ou mais indireta da sociedade, por meio da escola etc.? Os comunistas não criaram a influência da sociedade sobre a educação: eles mudaram apenas seu caráter, retiraram a influência da classe dominante sobre a educação.

As falações burguesas sobre a família e a educação, sobre a relação íntima de pais e filhos ficam ainda mais nojentas à medida que, em virtude da grande indústria, todos os laços familiares dos proletariados são desfeitos e as crianças são transformadas em simples artigos de comércio e instrumentos de trabalho.

Mas vocês, comunistas, querem introduzir a comunidade das mulheres, grita em coro contra nós toda a burguesia.

A burguesia vê em sua mulher um mero instrumento de produção. Ouve que os instrumentos de produção devem ser explorados comunitariamente e, claro, não consegue pensar

Crianças trabalhando em fábrica de vidro nos Estados Unidos, 1908. Foto de Lewis Wickes Hine, restaurada por Michel Vuijlsteke (Biblioteca do Congresso).

em outra coisa senão no fato de que o destino do sistema comunitário atingirá também as mulheres.

Ela não imagina que se trata exatamente de abolir a posição das mulheres como simples instrumentos de produção.

Aliás, não há nada mais ridículo do que o horror altamente moralista de nossa burguesia diante da suposta comunidade feminina oficial dos comunistas. Os comunistas não precisam introduzir uma comunidade feminina, ela quase sempre existiu.

Os nossos burgueses, não satisfeitos em ter à disposição as mulheres e filhas de seus proletariados, sem falar na prostituição oficial, encontram uma diversão suprema em seduzir suas esposas mutuamente.

O casamento burguês é na realidade a comunidade das esposas. No máximo, é possível acusar os comunistas de querer introduzir, no lugar de uma comunidade feminina hipocritamente oculta, uma comunidade oficial e franca. De resto, entende-se por si mesmo que, com a supressão das atuais relações de produção, também há de desaparecer a comunidade feminina oriunda delas, ou seja, a prostituição oficial e a não oficial.

Os comunistas ainda foram censurados por querer acabar com a pátria, a nacionalidade. Os trabalhadores não têm pátria. Não se pode tirar deles o que não possuem. Mesmo que o proletariado ainda deva primeiramente conquistar o domínio político, elevar-se a classe nacional, constituir a si mesmo como nação, ele próprio é nacional, mesmo que não seja no sentido entendido pela burguesia.

As segregações e oposições nacionais entre povos desaparecem cada vez mais com o desenvolvimento da burguesia, com a liberdade de comércio, o mercado mundial, a uniformidade da produção industrial e as condições de vida correspondentes.

O domínio do proletariado fará com que desapareçam ainda mais. A ação unida, ao menos dos países civilizados, é uma das primeiras condições de sua libertação.

Na medida em que a exploração do indivíduo por meio de outros for suprimida, a exploração de uma nação por outras também será suprimida. Com a oposição das classes dentro da nação cai a posição hostil das nações umas contra as outras.

As denúncias feitas ao comunismo do ponto de vista religioso, filosófico e ideológico não merecem nenhuma explanação mais detalhada.

É necessária uma visão mais profunda para perceber que, com as condições de vida das pessoas, com suas relações sociais, com sua existência social, mudam também suas representações, visões e conceitos, em suma, muda também sua consciência?

O que comprova a história das ideias senão que a produção intelectual se altera com a produção material? As ideias dominantes de um tempo sempre foram apenas as ideias da classe dominante.

Falam de ideias que revolucionam uma sociedade inteira; com isso se expressa apenas o fato de que dentro da velha sociedade se formaram os elementos de uma nova, que a dissolução das velhas ideias caminha no mesmo ritmo da dissolução das velhas condições de vida.

Quando se percebeu o ocaso do Velho Mundo, as antigas religiões foram vencidas pela religião cristã. Quando as ideias cristãs foram subjugadas pelas ideias do Iluminismo no século XVIII, a sociedade feudal travou sua batalha de morte com a burguesia à época revolucionária. As ideias de liberdade de consciência e de religião expressavam apenas o domínio da livre concorrência na área do conhecimento.

"Mas", dirão, "as ideias religiosas, morais, filosóficas, políticas, jurídicas etc. modificam-se de qualquer modo no decurso do desenvolvimento histórico. A religião, a moral, a filosofia, a política, o direito, eles sempre se mantiveram nessa mutação. Além disso, há verdades eternas, como a liberdade, a justiça etc. que são comuns a todos os estados sociais. No entanto, o comunismo acabará com as verdades eternas, acabará com a religião, a moral, em vez de criar uma nova, ou seja, contraria todos os desenvolvimentos históricos até o momento."

A que se reduz essa acusação? A história de toda a sociedade até o presente momento movimentou-se dentro de oposições de classe, que, nas mais diversas épocas, assumiram formas diferentes. Qualquer que fosse a forma assumida, a exploração de uma parte da sociedade pela outra é um fato comum a todos os séculos passados. Por isso, não surpreende que a consciência social de todos os séculos, apesar de toda a diversidade e diferença, mova-se em formas comuns, em formas de consciência que apenas se dissolverão com o desaparecimento completo da oposição de classes.

A revolução comunista é a ruptura mais radical com as relações de propriedade tradicionais; não é surpreendente que, na marcha de seu desenvolvimento, haja o mais radical dos rompimentos com as ideias tradicionais.

Mas deixemos de lado as objeções da burguesia contra o comunismo.

Como vimos antes, o primeiro passo para a revolução dos trabalhadores é a elevação do proletariado a classe dominante, a conquista da democracia.

O proletariado utilizará seu domínio político para despojar pouco a pouco a burguesia de todo o capital, centralizar todos os instrumentos de produção nas mãos do Estado, ou seja, do proletariado organizado como classe dominante, e multiplicar a massa das forças de produção o mais rápido possível.

Naturalmente, isso poderá acontecer em princípio por meio de intervenções despóticas no direito de propriedade e nas relações de produção burguesas, portanto, medidas que parecerão economicamente insuficientes e insustentáveis, mas que, no decurso do movimento, transcenderão a si próprias e serão inevitáveis como meio para o revolucionamento de toda a forma de produção.

Essas medidas serão diferentes, obviamente, segundo os diferentes países.

Para os países mais avançados, no entanto, as seguintes serão aplicadas de forma bastante geral:

1. Expropriação da propriedade fundiária e utilização das rendas fundiárias nas despesas estatais.
2. Imposto progressivo pesado.
3. Abolição do direito de herança.
4. Confisco da propriedade de todos os emigrantes e rebeldes.
5. Centralização do crédito nas mãos do Estado por meio de um banco nacional com capital estatal e monopólico exclusivo.
6. Centralização do sistema de transporte nas mãos do Estado.
7. Multiplicação das fábricas nacionais, dos instrumentos de produção; cultivo e melhoria de todas as grandes extensões de terra segundo um plano comunitário.
8. Obrigatoriedade de trabalho para todos, fundação de exércitos industriais, especialmente para a agricultura.
9. União dos setores de agricultura e indústria, esforço no sentido da eliminação da diferença entre cidade e campo.
10. Educação pública e gratuita para todas as crianças. Eliminação do trabalho fabril para crianças na forma atual. Unificação da educação com a produção material etc.

Se, no decorrer do desenvolvimento, as diferenças de classe desaparecerem e toda a produção se concentrar nas mãos de indivíduos associados, o poder público perderá seu caráter político. O poder político, no sentido estrito, é o poder organizado de uma classe para opressão de outras. Quando o proletariado se une necessariamente em luta contra a burguesia, torna-se classe dominante por meio da revolução e abole, na qualidade de classe dominante, as velhas relações de produção de forma violenta, suprimem-se com essas relações de produção as condições de existência da oposição de classes, a classe em si e com isso seu domínio como classe.

No lugar da velha sociedade burguesa com suas classes e oposições de classe, surge uma associação na qual o livre desenvolvimento de um é o livre desenvolvimento de todos.

III. Literatura socialista e comunista

1. O socialismo reacionário

a) O socialismo feudal

As aristocracias francesa e inglesa estavam fadadas, por sua posição histórica, a escrever panfletos contra a moderna sociedade burguesa. Na Revolução Francesa de julho de 1830, no movimento reformista inglês, elas sucumbiram mais uma vez ao odiado arrivista. Não era mais possível falar em luta política séria. Restou-lhes apenas a luta literária. No entanto, também na área da literatura, as antigas falações da época da Restauração[8] se tornaram inviáveis. Para amealhar simpatia, as aristocracias precisaram, aparentemente, perder seus interesses de vista e formular seu ato acusatório apenas no interesse da classe trabalhadora explorada e contra a burguesia. Prepararam assim a satisfação de entoar zombarias a seu novo senhor e sussurrar-lhe ao ouvido profecias mais ou menos ominosas.

Liberdade guiando o povo. Revolução Francesa de 1830. Pintura de Eugène Delacroix.

Dessa maneira, surgiu o socialismo feudal, de um lado canto de lamento, de outro pasquim, de outro lado ainda eco do passado e também ameaça do futuro, atingindo a burguesia bem no coração por meio de vereditos amargos, espirituosamente dilacerantes, sempre com efeito cômico por sua total incapacidade de compreender a marcha da história moderna.

Os aristocratas brandem como bandeira o saco de esmolas proletário para reunir o povo em suas fileiras. No entanto, todas as vezes que os seguia, o povo avistava nos traseiros os velhos brasões feudais e dispersava-se com gargalhadas altas e desbragadas.

Uma parte dos legitimistas franceses e a Jovem Inglaterra apresentaram tal espetáculo ao público.

Quando os feudais comprovam que seu modo de exploração foi estabelecido de forma diversa da exploração burguesa, esquecem apenas que exploraram em circunstâncias e condições bem diferentes e já superadas. Quando demonstram que, sob seu domínio, não existiu o proletariado moderno, esquecem apenas que essa mesma burguesia moderna foi um fruto necessário de sua ordem social.

A propósito, eles dissimulam tão pouco o caráter reacionário de sua crítica que sua principal acusação contra a burguesia consiste em dizer que, sob seu regime, se desenvolveu uma classe que lançará pelos ares toda a ordem social.

Acusam a burguesia não apenas de ter gerado um proletariado, mas justamente de criar um proletariado revolucionário.

Por isso, na prática política, eles participam de todas as violentas represálias contra a classe trabalhadora e, na vida cotidiana, sentem-se confortáveis, apesar de suas falações infladas, em colher os pomos de ouro e trocar fidelidade, amor, casamento pela barganha com lã de ovelha, beterrabas e aguardente.[9]

Como o pároco sempre andou de mãos dadas com os feudais, assim o fez também o socialismo clerical com o feudal.

Nada mais fácil do que dar ares socialistas ao ascetismo cristão. O cristianismo também não atacava a propriedade privada, o casamento, o Estado? Em seu lugar, não pregou a caridade e a mendicância, o celibato e a mortificação da carne, a vida monástica e a Igreja? O socialismo cristão é apenas a água benta com a qual o padre abençoa a zanga do aristocrata.

b) Socialismo pequeno-burguês

A aristocracia feudal não é a única classe que foi destruída pela burguesia, cujas condições de vida na sociedade moderna burguesa definharam e feneceram. O estamento medieval da burguesia de paliçadas e o estamento dos pequenos camponeses foram os precursores da burguesia moderna. Nos países de indústria e comércio menos desenvolvidos, essa classe ainda vegeta ao lado da burguesia incipiente.

Nos países onde a moderna civilização se desenvolveu, formou-se uma nova pequena-burguesia, que paira entre o proletariado e a burguesia e sempre se reformula como parte complementar da sociedade burguesa, mas cujos membros são arrastados continuamente pela concorrência para dentro do proletariado e veem, com o desenvolvimento da grande indústria, a aproximação do momento em que vão desaparecer como parte autônoma da sociedade moderna e serão substituídos no comércio, na manufatura, na agricultura por supervisores de trabalho e empregados domésticos.

Em países como a França, onde a classe camponesa compreende muito mais que a metade da população, era natural que escritores favoráveis ao proletariado e contrários à burguesia aplicassem à sua crítica ao regime burguês o padrão do pequeno-burguês e do pequeno camponês e compreendessem o partido dos trabalhadores do ponto de vista da pequena-burguesia. Assim, constituiu-se o socialismo pequeno-burguês. Sismondi é o cabeça dessa literatura não apenas na França, mas também na Inglaterra.

Esse socialismo dissecou com máxima astúcia as contradições nas modernas relações de produção. Desvelou os embelezamentos hipócritas dos economistas. Demonstrou de modo irrefutável os efeitos destruidores do maquinário e da divisão do trabalho, a concentração do capital e da propriedade fundiária, a superprodução, as crises, a derrocada necessária dos pequeno-burgueses e camponeses, a miséria do proletariado, a anarquia na produção, as relações abusivas gritantes na distribuição da riqueza, a guerra industrial dizimadora entre as nações, a dissolução de velhos costumes, das velhas relações familiares, das velhas nacionalidades.

Jean de Sismondi (1773-1842).
Retrato por De Pernel. Fonte: Gallica.

No entanto, em seu teor positivo, esse socialismo deseja recriar os velhos meios de produção e circulação e com eles as velhas relações de propriedade e a velha sociedade ou deseja voltar a confinar à força os modernos meios de produção e circulação nos moldes das velhas relações de propriedade que foram explodidas por eles, precisaram ser explodidas. Nos dois casos, ele é ao mesmo tempo reacionário e utópico. Sistema corporativo na manufatura e economia patriarcal no interior, essas são suas últimas palavras.

Em seu desenvolvimento posterior, esse movimento perdeu-se em covardes lamentações.

c) O socialismo alemão ou "verdadeiro"

A literatura socialista e comunista da França, que surge sob pressão de uma burguesia dominante e é a expressão literária do combate contra esse domínio, foi introduzida na Alemanha num período em que a burguesia iniciava sua luta contra o absolutismo feudal.

Filósofos, semifilósofos e belos espíritos alemães apoderaram-se com avidez dessa literatura e esqueceram-se apenas de que as condições de vida francesas não emigraram para a Alemanha junto com aqueles escritos vindos da França. A literatura francesa, frente às condições alemãs, perdeu todo o significado prático imediato e assumiu uma aparência puramente literária. Pôde somente se manifestar como especulação ociosa sobre a realização da essência humana. Assim, para os filósofos alemães do século XVIII, as exigências da primeira Revolução Francesa tinham sentido apenas como exigências gerais da "razão prática", e as manifestações de vontade da burguesia francesa significavam a seus olhos as leis da vontade pura, da vontade como ela tem de ser, a vontade verdadeiramente humana.

O trabalho exclusivo dos literatos alemães consiste em colocar em sintonia as novas ideias francesas com toda a velha consciência filosófica ou, antes ainda, apropriar-se das ideias francesas a partir de suas posições filosóficas.

Essa apropriação acontece da mesma forma pela qual ocorre a apropriação de uma causa estrangeira por meio da tradução.

Sabemos como os monges recobriam os manuscritos nos quais estavam registradas as obras clássicas da antiga era pagã com piegas histórias católicas sobre os santos. Os literatos alemães tomaram o caminho inverso com a profana literatura francesa. Escreveram suas insanidades filosóficas por baixo do original francês. Por exemplo, por trás da crítica francesa às relações monetárias, escreveram "a alienação da essência humana", por trás da crítica francesa ao Estado burguês, escreveram "a abolição da dominação do geral abstrato" etc.

Eles batizaram essa introdução escamoteada dessas tagarelices filosóficas por baixo dos desenvolvimentos franceses de "filosofia da ação", de "socialismo verdadeiro", de "ciência alemã do socialismo", de "fundamentação filosófica do socialismo" etc.

A literatura socialista-comunista francesa foi assim formalmente emasculada. E, como deixou de manifestar a luta de uma classe contra a outra em mãos alemãs, o alemão teve a consciência de ter superado a "unilateralidade francesa", de ter representado, em vez de necessidades verdadeiras, a necessidade da verdade e, em vez de interesses do proletário, os interesses da essência humana, do ser humano de forma geral, do ser humano que não pertence a nenhuma classe, nem à realidade, apenas ao céu brumoso da fantasia filosófica.

Esse socialismo alemão, que assumiu seus desengonçados exercícios escolares de forma tão séria e cerimoniosa e os disseminou de forma tão escancarada, aos poucos perdeu sua inocência pedante.

A luta da burguesia alemã, ou mais exatamente da prussiana, contra os feudais e a monarquia absoluta, em suma, o movimento liberal tornou-se mais sério.

Assim, foi ofertado ao "verdadeiro" socialismo a oportunidade tão desejada de contrapor ao movimento político as demandas socialistas, de lançar os anátemas tradicionais contra o liberalismo, o Estado representativo, a concorrência burguesa, a liberdade de imprensa burguesa, o direito burguês, a liberdade e a igualdade burguesas, e pregar diante da massa popular, que nada tem a ganhar com esse movimento burguês, mas, antes, tudo a perder. O socialismo alemão esqueceu-se oportunamente de que a crítica francesa, da qual ele era eco vazio, pressupõe a sociedade burguesa moderna com as condições materiais de vida correspondentes e a constituição política adequada, pressupostos esses que na Alemanha ainda haviam de ser conquistados.

Ele servia a governos absolutistas alemães, com seu séquito de prelados, mestres-escolas, nobres rurais e burocratas, de desejado espantalho, afugentando a burguesia que se via em ascensão ameaçadora.

Formava o doce complemento para as acres chicotadas e balas de espingarda com que esses mesmos governos tratavam os levantes de trabalhadores alemães.

Se dessa forma o socialismo "verdadeiro" transformou-se em uma arma na mão dos governos contra a burguesia alemã, também representou diretamente um interesse reacionário, o interesse da burguesia de paliçadas alemã, do pequeno-burguês alemão. Na Alemanha, essa pequena-burguesia, criada a partir do século XVI e que, desde esse tempo, vem emergindo aqui de forma sempre diversa, forma a base social genuína da situação vigente.

Sua manutenção é a manutenção da situação alemã atual. Ela teme a derrocada certa frente ao domínio industrial e político da burguesia, por um lado como consequência da concentração do capital, por outro por meio do surgimento de um proletariado revolucionário. O "verdadeiro" socialismo pareceu-lhe matar dois coelhos com uma cajadada só. Ele se espalha como uma epidemia.

O traje, tecido a partir de uma teia de aranha especulativa, bordado com as flores da retórica dos belos espíritos, impregnado do orvalho sentimental amoroso, esse traje extravagante, no qual os socialistas alemães envolvem seu punhado de ossudas "verdades eternas", multiplica apenas a venda de sua mercadoria para esse público.

Por sua vez, o socialismo alemão reconheceu cada vez mais sua vocação de ser o representante grandiloquente dessa pequena-burguesia atrasada.

Ele proclamou a nação alemã como a nação normal e o filisteu alemão como o ser humano normal. Ele atribui a cada infâmia desse filisteu um sentido socialista oculto, superior, em que essa infâmia significava o oposto. Foi às últimas consequências, sendo diretamente contrário à tendência "grosseiramente destrutiva" do comunismo e anunciando sua superioridade apartidária sobre todas as lutas de classe. Com muito poucas exceções, tudo o que circulou na Alemanha de escritos supostamente socialistas e comunistas pertence ao reino dessa literatura imunda e enervante.[10]

2. O socialismo conservador ou burguês

Uma parte da burguesia deseja atenuar as mazelas sociais para garantir a continuação da sociedade burguesa.

Fazem parte dela economistas, filantropos, humanitários, reformadores da situação das classes trabalhadoras, organizadores de beneficências, protetores dos animais, fundadores de associações antialcoolismo, reformistas retrógrados dos mais diversos matizes. E esse socialismo burguês também é elaborado para sistemas completos.

Como exemplo, citamos a *Filosofia da miséria*, de Proudhon.

Os burgueses socialistas desejam as condições de vida da sociedade moderna sem as lutas e riscos necessariamente decorrentes delas. Querem a sociedade existente com a supressão dos elementos que a revolucionam e a dissolvem. Querem a burguesia sem o proletariado. A burguesia imagina o mundo onde ela domina obviamente como o melhor mundo. O socialismo burguês elabora essa representação confortável como um semissistema ou um sistema integral. Quando exige que o proletariado concretize seus sistemas e ingresse na nova Jerusalém, demanda, em princípio, apenas que ele permaneça na sociedade atual, mas elimine as representações odiosas que faz dela.

Uma segunda forma, menos sistemática, apenas mais prática desse socialismo procurou indispor a classe trabalhadora

Pierre-Joseph Proudhon (1809-1865). Foto de Nadar.

contra todo e qualquer movimento revolucionário, comprovando que não essa ou aquela mudança política poderia lhe ser útil, mas apenas uma mudança das condições materiais de vida, das relações econômicas. No entanto, esse socialismo de forma alguma entende por mudanças nas condições materiais de vida a abolição das relações de produção burguesas, que apenas é possível por meios revolucionários, mas sim por melhorias administrativas, que ocorrem no terreno dessas relações de produção; portanto, na relação de capital e trabalho assalariado nada muda, mas, no melhor dos casos, diminuem para a burguesia os custos de seu domínio e facilitam sua administração do Estado.

O socialismo burguês alcança sua expressão correspondente apenas quando se torna mera figura retórica.

Livre comércio! — no interesse da classe trabalhadora; tarifas protecionistas! — no interesse das classes trabalhadoras; sistema prisional em celas! — no interesse da classe trabalhadora: esse é o último e único bordão dito com seriedade do socialismo burguês.

O socialismo da burguesia consiste justamente na afirmação de que os burgueses são burgueses — no interesse da classe trabalhadora.

3. O socialismo e o comunismo crítico-utópicos

Não falamos aqui da literatura que expressou em todas as grandes revoluções modernas as exigências do proletariado. (Escritos de Babeuf etc.)

As primeiras tentativas do proletariado de estabelecer imediatamente os próprios interesses em um tempo de agitação geral, no período da derrocada da sociedade feudal, fracassaram necessariamente na constituição não desenvolvida do proletariado e na falta de condições materiais de sua libertação, que são justamente o produto da época burguesa. A literatura revolucionária, que acompanhou os primeiros movimentos do proletariado, é necessariamente reacionária em seu conteúdo. Ela ensina um ascetismo geral e um igualitarismo grosseiro.

Os sistemas verdadeiramente socialistas e comunistas, os sistemas de Saint-Simon, Fourier, Owen etc. surgem no primeiro período não desenvolvido da luta entre proletariado e burguesia, que descrevemos antes (ver *Burgueses e proletários*).

É certo que os inventores desses sistemas veem a oposição de classes como a eficiência dos elementos dissolventes na própria sociedade dominante. Mas não vislumbram no lado do proletariado qualquer autonomia histórica, qualquer movimento político específico para ele.

Como o desenvolvimento do antagonismo de classes mantém o mesmo passo do desenvolvimento da indústria, tampouco encontram as condições materiais para libertação do proletariado e procuram criar essas condições segundo uma ciência social, segundo leis sociais.

No lugar da atividade social, é preciso que surja sua atividade criadora pessoal; no lugar das condições históricas da libertação, condições fantásticas, no lugar da organização paulatina do proletariado em classe, uma organização da sociedade planejada por ele mesmo. Para eles, a história mundial vindoura dissolve-se na propaganda e na condução de seus planos sociais.

É verdade que estão conscientes de que, em seus planos, representam principalmente o interesse da classe trabalhadora como classe mais sofredora. Para eles, o proletariado existe apenas sob esse ponto de vista da classe mais sofredora.

A forma não desenvolvida da luta de classes, bem como a situação de vida desses socialistas, no entanto, traz à tona o fato de que eles acreditam estar muito acima daquele antagonismo de classe. Querem melhorar a situação de vida de todos os membros da sociedade, inclusive dos mais favorecidos. Por isso, apelam continuamente a toda a sociedade, sem diferença, até mesmo preferencialmente a classe dominante. É preciso apenas entender seu sistema para reconhecê-lo como o melhor plano possível da melhor sociedade possível.

Le

Tribun du Peuple,

OU

LE DEFENSEUR

DES

DROITS DE L'HOMME.

Par GRACCHUS BABEUF

AN III - AN IV

A Tribuna do Povo, por Graco Babeuf.

Charles Fourier (1772-1837). Retrato por H.F. Helmot.

Dessa feita, condenam toda a ação política, notadamente toda ação revolucionária, querem alcançar seu objetivo por caminhos pacíficos e tentam, por meio de pequenos experimentos, que obviamente fracassam, abrir caminho ao novo evangelho social por meio do poder do exemplo.

Essa descrição fantástica da sociedade futura surge num tempo em que o proletariado ainda é pouquíssimo desenvolvido, portanto, compreende sua situação ainda como fantástica; surge dos primeiros ímpetos apreensivos por uma transformação geral da sociedade.

Porém, os escritos socialistas e comunistas também se compõem de elementos críticos. Atacam todas as bases da socie-

Robert Owen (1771-1858).

dade existente. Por isso, trouxeram material altamente valioso para o esclarecimento dos trabalhadores. Suas sentenças positivas sobre a sociedade futura, por exemplo, a abolição do antagonismo entre cidade e campo, abolição da família, da propriedade privada, do trabalho assalariado, a proclamação da harmonia social, a transformação do Estado em uma mera administração da produção — todas essas sentenças expressam apenas a queda do antagonismo de classes, que começa somente agora a se desenvolver, que eles conhecem apenas em suas primeiras indeterminações informes. Por isso, essas sentenças têm por enquanto um sentido puramente utópico.

O significado do socialismo e do comunismo crítico-utópicos está em relação inversa com o desenvolvimento histórico. Na mesma medida em que a luta de classes se desenvolve e se molda, essa elevação fantástica sobre essa luta, esse combate fantasioso contra ela perde todo o valor prático, toda a justificativa teórica. Por isso, os criadores desses sistemas também foram revolucionários em muitos aspectos, e seus pupilos formam cada vez mais seitas reacionárias. Atêm-se às antigas visões dos mestres perante o desenvolvimento histórico do proletariado. Buscam, assim, de forma coerente, abafar novamente a luta de classes e conciliar os antagonismos. Sonham ainda com a concretização, de modo experimental, de suas utopias sociais, a instituição de falanstérios individuais,[11] a fundação de *home colonies*, a construção de uma pequena Icária — a edição em formato reduzido da nova Jerusalém —, e, para a construção de todos aqueles castelos espanhóis, eles precisam apelar à filantropia do coração e das burras de dinheiro burgueses. Paulatinamente, caem na categoria dos socialistas reacionários ou conservadores já mencionados anteriormente e diferenciam-se deles apenas pelo pedantismo mais sistemático, pela crendice fanática nos efeitos miraculosos de sua ciência social.

Por esse motivo, enfrentam o amargor de todo movimento político de trabalhadores que somente pôde surgir a partir da descrença cega no novo evangelho.

Os owenistas na Inglaterra, os fourieristas na França reagiram na primeira contra os cartistas, na segunda contras os reformistas.

IV. Posição dos comunistas com relação aos diversos partidos de oposição

De acordo com a Parte II, entende-se a relação dos comunistas com os partidos dos trabalhadores já constituídos espontaneamente, ou seja, sua relação com os cartistas na Inglaterra e com os reformistas agrários na América do Norte.

Eles lutam para alcançar os objetivos e interesses imediatos da classe trabalhadora, mas, ao mesmo tempo, representam no movimento presente o futuro do movimento. Na França, os comunistas aliam-se ao partido social-democrata[12] contra a burguesia conservadora e radical, sem com isso abdicar do direito de se portar criticamente frente à fraseologia e às ilusões advindas da tradição revolucionária.

Insurreição da Cracóvia, 1846. Pintura de Juliusz Kossak.

Na Suíça, apoiam os radicais sem ignorar que esse partido se compõe de elementos contraditórios, parte de socialistas democráticos, no sentido francês do termo, parte de burgueses radicais.

Entre os poloneses, os comunistas apoiam o partido que considera a revolução agrária condição para a libertação nacional, o mesmo partido que originou a Insurreição de Cracóvia de 1846.

Na Alemanha, o Partido Comunista luta ao lado da burguesia, quando esta surge de modo revolucionário contra a monarquia absoluta, a propriedade fundiária feudal e a "pequena-burguesice".

No entanto, em momento nenhum deixa de desenvolver nos trabalhadores uma consciência, a mais clara possível, sobre a oposição hostil entre burguesia e proletariado para que os trabalhadores alemães possam voltar contra a burguesia as condições sociais e políticas que esta última pode produzir com seu domínio, além de muitas outras armas, e, depois da queda das classes reacionárias na Alemanha, comece imediatamente a luta contra a burguesia.

Os comunistas voltam sua atenção máxima para a Alemanha, pois o país está às vésperas de uma revolução burguesa e porque realiza esse revolucionamento sob condições das mais avançadas na civilização europeia e com um proletariado muito mais desenvolvido do que na Inglaterra do século XVII e na França do século XVIII, ou seja, a revolução burguesa alemã pode ser apenas o preâmbulo imediato de uma revolução proletária.

Em suma, os comunistas apoiam em todos os lugares todo movimento revolucionário contra as condições sociais e políticas vigentes.

Em todos esses movimentos, ressaltam a questão da propriedade sem se importar com a forma mais ou menos desenvolvida que ela possa assumir, como a questão fundamental do movimento.

Os comunistas trabalham, por fim, em todos os lugares pela união e pelo entendimento dos partidos democráticos de todos os países.

Os comunistas não aceitam a dissimulação de suas visões e intenções. Declaram abertamente que seus objetivos somente poderão ser alcançados por meio da destruição violenta de toda a ordem social imperante. Tremam, classes dominantes, diante de uma revolução comunista. Os proletários não têm nada a perder com ela além de seus grilhões. Eles têm um mundo a ganhar.

Proletários de todos os países, uni-vos!

O Quarto Estado. Óleo sobre tela de Giuseppe Pellizza da Volpedo, 1901. Museo del Novecento, Milão.

Notas originais

1. "Esse pensamento", escrevi no preâmbulo da tradução inglesa, "que, segundo minha visão, está destinado a fundamentar o mesmo avanço para a ciência histórica que a teoria de Darwin fundamentou para as ciências naturais — desse pensamento nós havíamos nos aproximado aos poucos durante vários anos, antes ainda de 1845. Meu livro *A situação da classe trabalhadora na Inglaterra* mostra o quanto avancei nessa direção por minha conta. Contudo, quando, na primavera de 1845, reencontrei Marx em Bruxelas, ele o formulara de maneira pronta e me apresentou em palavras quase tão claras quanto aquelas com que o resumi acima." [Observação de Engels posteriormente incluída na edição alemã de 1890.]

2. Lassalle pessoalmente confessava-se perante nós como discípulo de Marx e, como tal, alinhado com o *Manifesto*. No entanto, em sua agitação pública nos anos de 1862 a 1864, não foi além da exigência por cooperativas de produção com crédito estatal. [Nota de Engels.]

3. Frederick Engels. *The Condition of the Working Class in England in 1844*. Traduzido por Florence K. Wischnewtzky. Nova York, Lovell; Londres, W. Reeves, 1888.

4. Lassalle pessoalmente confessava-se perante nós como discípulo de Marx e, como tal, alinhado com o *Manifesto*. Diferentemente daqueles seus seguidores, que não foram além das exigências de cooperativas de produção com crédito estatal e dividiram toda a classe trabalhadora em apoiadores do estado e apoiadores de si mesmos. [Nota de Engels.]

5. Entende-se por burguesia a classe dos capitalistas modernos, que são donos dos meios de produção da sociedade e exploram o trabalho assalariado. Por proletariado, entende-

-se a classe dos modernos trabalhadores assalariados que, por não possuírem nenhum meio de produção próprio, precisam vender sua força de trabalho para poder sobreviver. [Nota de Engels à edição inglesa de 1888.]

Ferdinand Lassalle (1825-1864).

6. Para ser mais exato, seria a história na forma *escrita*. Em 1847, a pré-história da sociedade, a organização social que brotava da história anotada, era praticamente desconhecida. Desde então, Haxthausen descobriu a propriedade conjunta de terras na Rússia, Maurer verificou que ela era o fundamento

social que originava historicamente todas as tribos alemãs e, aos poucos, descobriu-se que as pequenas comunidades com propriedade conjunta de terras eram a forma primordial de sociedade, da Índia até a Irlanda. Por fim, a organização dessa sociedade comunista primitiva, em sua forma típica, foi revelada pela descoberta suprema de Morgan sobre a verdadeira natureza da *gens* e de sua posição na tribo. Com a dissolução dessas comunidades primordiais, começa a separação da sociedade em classes especiais e por fim mutuamente opostas. Tentei seguir esse processo de dissolução em *A origem da família, da propriedade privada e do estado*. 2ª edição, Stuttgart, 1886. [Nota de Engels à edição inglesa de 1888 e à edição alemã de 1890.]

7. "Comunas" era o nome das cidades que surgiram na França antes mesmo que seus senhores feudais e mestres pudessem conquistar a autoadministração local e direitos políticos como "terceiro estamento". De forma geral, citamos aqui como o típico para o desenvolvimento econômico da burguesia na Inglaterra e o desenvolvimento político na França. [Nota de Engels à edição inglesa de 1888.] Assim os cidadãos italianos e franceses chamavam suas comunidades municipais, depois de conseguirem obter de seus senhores feudais, por aquisição ou à força, os primeiros direitos de autoadministração. [Nota de Engels à edição alemã de 1890.]

8. Aqui não falamos do período inglês da Restauração (1660-1689), mas do período francês da Restauração (1814-1830). [Nota de Engels à edição inglesa de 1888.]

9. Relaciona-se principalmente com a Alemanha, onde a nobreza do campo e os *Junker*, nobres proprietários de terras, cultivam por conta própria, por meio de seus administradores, parte de suas propriedades e, além disso, também são grandes produtores de beterraba e aguardente de batata. Os aristocratas ingleses mais ricos não desceram a tal ponto, mas também sabem que podem compensar a queda nos rendimentos por

meio da cessão de seu nome a fundadores de sociedades anônimas mais ou menos duvidosos. [Nota de Engels à edição inglesa de 1888.]

10. A tempestade de revoluções de 1848 varreu do mapa toda essa tendência decadente e estragou o prazer de seus apoiadores de continuar a fazer socialismo. O representante principal e clássico tipo dessa tendência é o senhor Carl Grün. [Nota de Engels à edição alemã de 1890.]

11. Falanstério foi a designação das colônias socialistas planejadas por Charles Fourier; Cabet chamou sua utopia de Icária e, mais tarde, sua colônia comunista nos Estados Unidos. [Nota de Engels à edição inglesa de 1888.]

Owen chama suas sociedades-modelo comunistas de *home colonies* (colônias interioranas). Falanstério foi o nome dos palácios sociais planejados por Fourier. Icária significa terra de fantasia utópica, que descrevia as instalações comunistas de Cabet. [Nota de Engels à edição alemã de 1890.]

12. O partido à época era representado no Parlamento por Ledru-Rollin, na literatura por Louis Blanc e na imprensa diária pelo *Réforme*. O nome "social-democracia" significa, entre seus inventores, uma seção do partido democrata ou republicano com coloração mais ou menos socialista. [Nota de Engels à edição inglesa de 1888.]

O partido que à época se chamava social-democrata na França era representado por Ledru-Rollin politicamente e por Louis Blanc literariamente; também era extremamente diferente da social-democracia alemã atual. [Nota de Engels à edição alemã de 1890.]

Louis Blanc (1811-1882), membro
do governo provisório da França.

Sobre os autores

Karl Marx nasceu em Trier, na Prússia, em 5 de maio de 1818, e morreu em Londres em 14 de março de 1883. Economista, filósofo e socialista alemão, Marx estudou na Universidade de Berlim principalmente a filosofia hegeliana e formou-se em Iena em 1841. Em 1844, conheceu Friedrich Engels em Paris, com quem estabeleceu uma amizade que durou a vida toda. Foi, no ano seguinte, expulso da França e radicou-se em Bruxelas, onde participou de organizações clandestinas de operários e exilados. Quando estourou a revolução na França, em 1848, Marx e Engels publicaram o folheto *Manifesto do Partido Comunista*, primeiro esboço da teoria revolucionária que depois seria chamada de marxista.

Depois da derrota de todos os movimentos revolucionários na Europa, Marx foi para Paris e, de lá expulso, mudou-se para Londres, onde fixou residência. Em Londres, dedicou-se a estudos econômicos e históricos. Escrevia artigos sobre política exterior para jornais norte-americanos, mas frequentemente tinha problemas financeiros. Foi muito ajudado por Engels, que vivia em Manchester.

Em 1864, Marx foi cofundador da Associação Internacional dos Trabalhadores, depois chamada de Primeira Internacional. Em 1867, publicou o primeiro volume de *O capital*, sua obra principal. Dentro da Primeira Internacional, Marx encontrou a oposição tenaz dos anarquistas, liderados por Bakunin, e, em 1876, a associação foi dissolvida.

Em 1875, Marx participou da fundação do Partido Social-Democrata da Alemanha, mas não viveu bastante para assistir às vitórias eleitorais desse partido e de outros agrupamentos socialistas da Europa.

Karl Marx (1818-1883).

Friedrich Engels nasceu na Prússia, em 28 de novembro de 1820, e morreu em Londres em 5 de agosto de 1895. Cientista social, filósofo e industrial, Engels foi o principal colaborador de Karl Marx, desempenhando papel de destaque na elaboração da teoria comunista a partir do materialismo histórico e dialético.

Filho de um rico industrial da cidade de Barmen, Engels se impressionou com a miséria em que viviam os trabalhadores das fábricas de sua família. Movido por essa indignação, desenvolveu um estudo detalhado sobre a situação da classe operária na Inglaterra.

Friedrich Engels (1820-1895).

Aderiu às ideias de esquerda quando estudante, o que o levou a se aproximar de Karl Marx. Por alguns anos administrou uma das fábricas do pai em Manchester e suas observações nesse período formaram a base de uma de suas principais obras, *A situação da classe trabalhadora na Inglaterra*, publicada em 1845.

Muitos de seus trabalhos posteriores foram produzidos em colaboração com Marx, inclusive o *Manifesto do Partido Comunista*, de 1848. Escreveu sozinho, porém, algumas das obras mais importantes para o desenvolvimento do marxismo, como *Ludwig Feuerbach e o fim da filosofia alemã*, *Do socialismo utópico ao científico* e *A origem da família, da propriedade privada e do Estado*.

Conheça os títulos da

Coleção Clássicos para Todos

A Abadia de Northanger – Jane Austen
A arte da guerra – Sun Tzu
A revolução dos bichos – George Orwell
Alexandre e César – Plutarco
Antologia poética – Fernando Pessoa
Apologia de Sócrates – Platão
Auto da Compadecida – Ariano Suassuna
Como manter a calma – Sêneca
Do contrato social – Jean-Jacques Rousseau
Dom Casmurro – Machado de Assis
Feliz Ano Novo – Rubem Fonseca
Frankenstein ou o Prometeu moderno – Mary Shelley
Hamlet – William Shakespeare
Manifesto do Partido Comunista – Karl Marx e Friedrich Engels
Memórias de um sargento de milícias – Manuel Antônio de Almeida
Notas do subsolo & O grande inquisidor – Fiódor Dostoiévski
O albatroz azul – João Ubaldo Ribeiro
O anticristo – Friedrich Nietzsche
O Bem-Amado – Dias Gomes
O livro de cinco anéis – Miyamoto Musashi
O pagador de promessas – Dias Gomes
O Pequeno Príncipe – Antoine de Saint-Exupéry
O príncipe – Nicolau Maquiavel
Poemas escolhidos – Ferreira Gullar
Rei Édipo & Antígona – Sófocles
Romeu e Julieta – William Shakespeare
Sonetos – Camões
Triste fim de Policarpo Quaresma – Lima Barreto
Um teto todo seu – Virginia Woolf
Vestido de noiva – Nelson Rodrigues

Direção editorial
Daniele Cajueiro

Editora responsável
Ana Carla Sousa
Janaína Senna

Produção editorial
Adriana Torres
Júlia Ribeiro
Juliana Borel
Laiane Flores
Pedro Staite
Rachel Rimas

Revisão
Luana Luz de Freitas
Luíza Côrtes

Capa
Sérgio Campante

Diagramação
DTPhoenix Editorial
Filigrana

Este livro foi impresso em 2022
para a Nova Fronteira.